**DESATA LA FE
SALVAJE QUE
LLEVAS DENTRO**

# TRIBU

## ERWIN RAPHAEL MCMANUS

**WHITAKER
HOUSE**
*Español*

Traducción al español por:
Belmonte Traductores
Manuel de Falla, 2
28300 Aranjuez
Madrid, ESPAÑA
www.belmontetraductores.com

Edición: Ofelia Pérez

TRIBU
**Desata la fe salvaje que llevas dentro**

Publicado originalmente en inglés bajo el título
*The Barbarian Way, Unleash the Untamed Faith Within*
por Thomas Nelson, Inc., Nashville, Tennessee

ISBN: 978-1-64123-152-7
eBook ISBN: 978-1-64123-153-4
Impreso en los Estados Unidos de América
© 2018 por Erwin Raphael McManus

Whitaker House
1030 Hunt Valley Circle
New Kensington, PA 15068
www.whitakerhouse.com

Por favor, envíe sugerencias sobre este libro a: comentarios@whitakerhouse.com.

2 3 4 5 6 7 8 9 10 11 12 **WH** 25 24 23 22 21 20 19

Para Mariah, mi cariño,
que ama vivir y vive para amar.
Desde el primer aliento has traído a la vida
celebración y aventura.
Eres compasiva y valiente.
Delicada y determinada.
Tierna y tenaz.
Amante de Dios y amorosa con la gente.
Eres a la vez risas y lágrimas.
En tiempos de antaño serías la princesa guerrera.
Sigue siempre los pasos de Aquel que tiene cicatrices.
Escojamos siempre el camino del bárbaro.
Papá.

# CONTENIDO

1. La invasión de los bárbaros     1
2. El llamado de los bárbaros     19
3. La tribu de los bárbaros     55
4. La revuelta de los bárbaros     103
   *Acerca del autor*     141
   *Reconocimientos*     143

Pero entonces sucedió lo peor que
le podría suceder a cualquier luchador:
se volvió civilizado.

—Mick a Rocky,
*Rocky III*

# 1

## LA
## INVASIÓN DE LOS
# BÁRBAROS

*Jefté galaadita era esforzado y valeroso; era hijo de una mujer ramera, y el padre de Jefté era Galaad. Pero la mujer de Galaad le dio hijos, los cuales, cuando crecieron, echaron fuera a Jefté, diciéndole: "No heredarás en la casa de nuestro padre, porque eres hijo de otra mujer". Huyó, pues, Jefté de sus hermanos, y habitó en tierra de Tob; y se juntaron con él hombres ociosos, los cuales salían con él.*

*Aconteció andando el tiempo, que los hijos de Amón hicieron guerra contra Israel. Y cuando los hijos de Amón hicieron guerra contra Israel, los ancianos de Galaad fueron a traer a Jefté de la tierra de Tob; y dijeron a Jefté: "Ven, y serás nuestro jefe, para que peleemos contra los hijos de Amón".*

Jefté respondió a los ancianos de Galaad: "¿No me aborre-
cisteis vosotros, y me echasteis de la casa de mi padre? ¿Por
qué, pues, venís ahora a mí cuando estáis en aflicción?".

Y los ancianos de Galaad respondieron a Jefté: "Por esta
misma causa volvemos ahora a ti, para que vengas con nosotros
y pelees contra los hijos de Amón, y seas caudillo de todos los
que moramos en Galaad".

Jefté entonces dijo a los ancianos de Galaad: "Si me hacéis
volver para que pelee contra los hijos de Amón, y Jehová los en-
tregare delante de mí, ¿seré yo vuestro caudillo?".

Y los ancianos de Galaad respondieron a Jefté: "Jehová sea testigo entre nosotros, si no hiciéremos como tú dices. Entonces Jefté
vino con los ancianos de Galaad, y el pueblo lo eligió por su caudillo
y jefe; y Jefté habló todas sus palabras delante de Jehová en Mizpa
(Jueces 11:1-11, énfasis añadido).

De camino a Belfast (Irlanda del Norte), hicimos una
parada en Paisley (Escocia). Mi esposa Kim, mi hija
de doce años (Mariah) y yo, estábamos en una versión de
Hollywood de un peregrinaje espiritual (si entras en nuestra
sala encontrarás colgando, como pieza central, una réplica
exacta de la espada que William Wallace hizo famosa para
las masas no escocesas mediante la película de Mel Gibson, *Braveheart*). Yo estaba de pie en medio de la Abadía de

Paisley donde Wallace se educó de niño. Me tomé mi tiempo para mirar con reverencia el vitral que permanece como memorial de los actos heroicos de Wallace (no se parecía en nada a Mel Gibson) y, sin embargo, fue una historia sobre Robert Bruce (rey de Escocia) la que más me impresionó, y que se ha quedado conmigo desde entonces.

Robert Bruce era el noble escocés cuyo carácter se recuerda más por traicionar a Wallace, pero más adelante él pasó a liderar Escocia hacia la libertad tras la ejecución de Wallace. Mientras estábamos de pie en la abadía, el pastor escocés James Pettigrew compartió una historia de Robert Bruce que es una mezcla de historia y leyenda.

Murió en 1329, a los cincuenta y cuatro años de edad. Poco antes de su muerte, Robert Bruce pidió que le sacaran el corazón de su cuerpo y que un caballero digno lo llevara a una cruzada. James Douglas, uno de sus mejores amigos, estuvo en su lecho de muerte y se hizo cargo de esa responsabilidad. El corazón de Robert Bruce fue embalsamado y metido en una pequeña cajita que Douglas llevaba colgada al cuello. En cada batalla que peleó Douglas, llevaba literalmente el corazón de su rey contra su pecho.

A principios de la primavera de 1330, Douglas navegó desde Escocia hasta Granada (España) y participó en una campaña contra los moros. En una batalla funesta, Douglas se encontró rodeado, y en esa situación la muerte era segura y también inminente. En ese momento, Douglas agarró el corazón que llevaba colgado al cuello, lo lanzó en medio del enemigo y gritó: "¡Luchen por el corazón de su rey!". Un historiador citó que Douglas gritaba: "¡Adelante, corazón valiente, como siempre quisiste hacer, y Douglas seguirá el corazón de su rey o morirá!". El lema del clan Douglas al cual pertenece el duque actual es hasta la fecha, simplemente: "Adelante".

## UNA TRIBU LLAMADA A IR HACIA DELANTE

Aunque cualquiera que entienda el corazón de Dios sabe que las Cruzadas fueron una trágica lección sobre no entender nada, el poder de esta historia despierta en mi interior un anhelo primitivo que, estoy convencido, espera ser desatado dentro de todo aquel que es un seguidor de Jesucristo. Pertenecer a Dios es pertenecer a su corazón. Si hemos respondido al llamado de Jesús a dejarlo todo y seguirlo a Él, entonces hay una voz en nuestro interior que clama: "¡Lucha por el corazón de tu Rey!".

Sin embargo, el cristianismo durante los últimos dos mil años ha pasado de ser una tribu de renegados a ser una religión de conformistas. Quienes deciden seguir a Jesús se convierten en participantes en una insurrección. Afirmar que creemos, sencillamente no es suficiente. El llamado de

Jesús es uno que demanda acción. Jesús comenzó su ministerio público con una sencilla invitación: "Ven, sígueme". Sus últimas instrucciones a sus discípulos pueden resumirse en una sola palabra: "¡Vayan!". Un sondeo rápido de la iglesia actual nos conduciría a creer que su invitación fue "Vengan, y escuchen", y su mandato final se resumiría en una única palabra: "¡No!". La tribu de Jesús, más que nadie, debería llevar legítimamente la bandera "Adelante".

Sé que las imágenes de esta historia son nada menos que de bárbaros, pero quizá ese es el punto. La invitación de Jesús es un llamado revolucionario a luchar por el corazón de la humanidad. Somos llamados a una guerra poco convencional que utiliza solamente las armas de la fe, la esperanza y el amor. Sin embargo, esta guerra no es menos peligrosa que cualquier guerra que se haya peleado jamás. Y para aquellos de nosotros que aceptamos la causa de Cristo, el costo de participar en la misión de Dios no es nada menos que todo lo que somos y todo lo que tenemos.

Es extraño, no obstante, que algunos que acuden a Jesucristo parecen aceptar de inmediato y por completo este camino del bárbaro. Viven sus vidas avanzando con cada paso y con cada fibra de su ser, luchando por el corazón de su Rey. Jesucristo se ha convertido en la pasión consumidora de sus vidas. No se trata de religión o posición. Tienen poca paciencia hacia instituciones o burocracias. Su falta de respeto por la tradición o los rituales les hace parecer como poco civilizados ante quienes aman la religión. Cuando se les pregunta si son cristianos, su respuesta podría ser sorprendentemente que no, que son seguidores apasionados de Jesucristo. Ven el cristianismo como una religión del mundo, que en muchos aspectos no es diferente a cualquier otro sistema religioso. Ya sea budismo, hinduismo, islam o cristianismo, ellos no hablan de religión, sino de avanzar la revolución que Jesús comenzó dos mil años atrás.

Esta es la simplicidad del camino del bárbaro. Si eres un seguidor de Cristo, entonces eres llamado a luchar por el corazón de tu Rey. Es una vida impulsada por la pasión, una pasión por Dios y una pasión por las personas. El salmista nos dice que nos deleitemos en el Señor, y Él nos dará los deseos de nuestro corazón (ver Salmos 37:4). Cuando el cristianismo se convierte tan solo en otra religión, se enfoca en requisitos. Solo para mantener a las personas en fila, construimos nuestra propia civilización cristiana y después demandamos que todo aquel que cree en Jesús se convierta en un buen ciudadano.

Es difícil imaginar que Jesús soportara la agonía de la cruz solo para mantenernos en fila. Jesús comenzó una revolución para asegurar nuestra libertad. El nuevo pacto que Él estableció pone su confianza no en la ley, sino en el poder transformador del Espíritu de Dios que vive en nuestro interior. La revolución del corazón humano alimentaría la vida y vitalidad de este movimiento. Nos deleitaríamos en Dios, y Él nos daría los deseos de nuestro corazón. Con nuestro corazón ardiendo por Dios, avanzaríamos adelante con la libertad de perseguir las pasiones que arden en nuestro interior.

## AMOR PURO

Mi hija Mariah y yo estábamos comiendo comida Thai en San Diego. Estábamos pasando un tiempo importante entre papá e hija. No hay nada como un cara-a-cara para crear un ambiente para una verdadera conversación de corazón a corazón. Después de que ella me recordara que yo era el único de los dos a quien le gustaba la comida Thai, comenzó a abrir su corazón y a dejarme entrar en sus sueños.

"Papá, algún día quiero ganar mil millones de dólares, y quiero donarlo todo. Quiero ayudar a los pobres; quiero ayudar a los necesitados. Quiero ganar mil millones de dólares, y no me importa si no tengo nada, pero quiero darlo todo para ayudar a las personas".

Mientras yo escuchaba su sueño, pensaba: *Yo puedo arreglar esto.* Porque el sueño era casi correcto.

Pero ella seguía diciendo: "Quiero ganar mil millones de dólares y darlo y ayudar a los pobres, y no me importa si yo no tengo techo o no tengo nada. Tan solo quiero darlo para ayudar a las personas".

Yo dije: "Mariah, quiero que ganes mil millones de dólares y los des a los pobres y los necesitados, pero no es una buena idea que tú no tengas nada. Entonces tú serías la necesitada y alguien tendría que ocuparse de ti, y tú no serías responsable".

"No me importa si no tengo nada, papá", respondió Mariah. "Solo quiero ganar mil millones de dólares y darlos. No me importa si no tengo casa. No me importa si no tengo nada".

"Pero si no tienes techo, nuestros impuestos tendrían que cubrir tus necesidades."

Mirándome como si quisiera decir: *Papá, no lo entiendes*, continuó: "No me importa si no tengo nada. Solamente quiero ganar mil millones de dólares y darlos. No me importa si no tengo nada".

Yo pensé: *Bueno, realmente no estoy ayudando nada*. Yo intentaba hacerle entender que ella necesitaba tener algo, reestructurarlo y reinvertirlo para así poder ganar otros mil millones y ayudar a otro grupo de personas. Yo no era capaz de ayudarle con su sueño. Y pensé: *Una metáfora, eso ayudará*.

"Cariño, digamos que tú eres un árbol frutal muy grande que da fruta para que las personas la coman porque tienen hambre, y quieres dar toda tu fruta porque quieres alimentar a todos, quieres ocuparte de todos. Pero debido a eso no te ocupaste de tus raíces, y por eso dijiste: 'Voy a desarraigarme. ¿A quién le importan la tierra y el agua? Solamente quiero dar todo el fruto que pueda'. Y entonces morirás, y al año siguiente no podrás dar fruto. Es mejor ocuparte también de tus raíces para así poder seguir dando fruto año tras año, tras año".

Ella dijo: "Papá, ¿qué tienen que ver las raíces con esto?".

Sabía que no estaba haciendo ningún progreso. Salimos de ese lugar y fuimos al auto. Lo abrí, y ella entró en el auto rápidamente. Cuando me senté en el asiento del conductor ella estaba llorando, y yo no sabía qué estaba sucediendo. Pregunté: "Mariah, ¿estás bien?".

Llena de lágrimas, me miró y dijo: "Papá, quiero cambiar el mundo, pero tú no puedes apreciar mi sueño. Yo quiero cambiar el mundo". Y continuó: "No dije que sería una sin techo; dije que no me importaba si me quedaba sin techo. Yo quiero cambiar el mundo. ¿No puedes tan solo oír mi sueño?".

Me di cuenta de que en lugar de alimentar y desatar el sueño que nacía de su corazón para Dios, yo estaba domesticando su sueño e intentando civilizar su fe pura y salvaje, lo cual era irónico porque me emocionaba mucho que sintiera eso en su corazón.

"Bueno, cariño, estoy emocionado por tu sueño", dije. "¿No crees que nosotros tuvimos una pequeña parte en intentar alimentar tu corazón para que tenga ese sueño?".

Ella dijo: "Sí, pero creo que no lo estás entendiendo".

Yo dije: "Bien, ahora lo entiendo. Ahora lo entiendo".

Me tomó un rato, pero de repente lo vi con claridad. Yo estaba experimentando una invasión salvaje, bárbara. El corazón de Mariah latía al ritmo del corazón de Dios. Y sus sueños eran demasiado puros para mí. No lo vi al principio, pero yo estaba intentando civilizarla en lugar de desatar la fe indómita que había en su interior. Después de todo, yo soy su papá. Está bien si yo vivo una vida de fe irracional y de aventura capaz de dejarme sin respiración. Quiero algo distinto para ella. Quiero que ella tenga seguridad; ya sabes, una vida predecible, aburrida y trivial en la que nunca tenga que volver a preocuparme por ella. En aquel momento entendí que Mariah no querría nada de eso. Para ella, hay solamente un camino. Incluso con doce años ya se ha comprometido a seguirlo. Tranquilo, corazón mío, pero mi hija ha escogido el camino del bárbaro, aquel que nos lleva a salir de la civilización. Y por esa sencilla razón, este libro está dedicado a ella.

## DE VIENTO Y FUEGO

Hace veinticinco años yo era parte de la invasión de los bárbaros. Conocía poco sobre Dios, pero no quería conocer nada más sino a Dios. Estaba abrumado porque Alguien tan extraordinario como Jesús de Nazaret tuviera algún interés o deseo de aceptar a alguien como yo. Incluso antes de que yo supiera lo que estaba escrito en las páginas del texto sagrado que conocemos como la Biblia, sabía que entregaría mi corazón por completo a cualquier cosa que aprendiera que estaba en el corazón de Dios. Yo era un seguidor de Jesús, y para mí no había camino de regreso.

Con los años he conocido quizá a miles de personas que han sido parte de esta invasión del bárbaro. Desde mi hermano Alex, que prometió lealtad a Cristo aunque no tenía ni idea de que existía el cielo, hasta mi esposa Kim, que cuando era niña y se criaba en un hogar de acogida clamó a Jesús diciendo que iría a cualquier lugar donde Él quisiera, y que haría cualquier cosa que Él quisiera que hiciera. Con sus voces únicas se estaban comprometiendo a ir adelante y luchar por el corazón de su Rey.

Quizá la tragedia de nuestra época es que un número abrumador de quienes hemos declarado a Jesús como Señor hemos sido domesticados, o -por así decirlo- civilizados. Hemos perdido la simplicidad de nuestra fe del principio. Además de eso, hemos perdido la pasión y el poder de esa fe pura, salvaje y primitiva. Tal vez Juan estaba aludiendo a eso en el Apocalipsis cuando le dijo a la iglesia en Éfeso que habían perdido su primer amor (ver Apocalipsis 2:1-4). El mandamiento de Dios a Israel era simplemente: *"Ama al Señor tu Dios con todo tu corazón y con toda tu alma y con todas tus fuerzas. Grábate en el corazón estas palabras que hoy te mando"* (Deuteronomio 6:5-6 NVI). Y cuando le preguntaron a Jesús: *"De todos los mandamientos, ¿cuál es el más importante?"* y *"¿qué debo hacer para heredar la vida eterna?"*, su respuesta fue la misma, excepto que añadió que hemos de amar a nuestro prójimo como a nosotros mismos (Marcos 10:17-19; 12:28-31).

El camino del bárbaro se trata de amor, intimidad, pasión y sacrificio. Los bárbaros aman vivir y viven para amar. Para ellos, Dios es vida y su misión es reconectar a la humanidad con Él. Su pasión es que cada uno de nosotros viva en comunión íntima con Aquel que murió por nosotros. El camino del bárbaro es un sendero de espíritu y verdad. El alma del bárbaro cobra vida por la presencia de Jesús.

Como nos recordó Juan el Bautista, la evidencia de que Jesús es el Cristo es que Él nos bautiza con Espíritu y fuego. Los bárbaros son guiados por el viento de Dios y encendidos por el fuego de Dios. El camino del bárbaro puede encontrarse solamente escuchando la voz del Espíritu. El camino del bárbaro pueden conocerlo solamente aquellos que tienen el corazón de Dios. Los pasos de los bárbaros son guiados por las huellas de Jesús. Los bárbaros ven lo invisible y oyen lo inaudible porque su alma está viva para Dios.

Si eres un seguidor de Jesucristo, aunque no sepa nada más sobre ti, sé lo siguiente sin duda alguna: en tu interior hay una fe pura e indómita a la espera de ser desatada. Cuando acudimos al Dios vivo, Él consume quiénes somos nosotros y nos da vida que está alimentada por su presencia. Has sido recreado para vivir en una espiritualidad pura y primitiva. Jesús vino para encender un fuego en tu interior que te consumiría y te encendería. Jesús, el Rey, vino a luchar por tu corazón. Si Él ha ganado tu corazón, entonces seguir a tu corazón siempre conducirá a que sigas el corazón de Dios. Él siempre te guiará a avanzar adelante, tras las líneas enemigas, para ganar los corazones de aquellos que aún no lo conocen a Él ni lo aman.

## UNA LUCHA MODERNA

Uno de mis personajes favoritos en *Braveheart* era el tipo irlandés que se unió a William Wallace en su cruzada. ¿Lo recuerdas? Era el tipo loco que le hablaba a Dios. Era apropiado que su nombre fuera Esteban. Su cita más memorable fue esta: "El Todopoderoso dice que esta debe ser una lucha moderna. Atrae a las personas más excelentes". Desde luego, cualquier cristiano civilizado sabe por qué él está loco. Cada creyente devoto; de hecho, cualquier persona de fe de cualquier confesión religiosa, ya sea cristiana, musulmana, budista, hindú, o cualquier otra, cree en la oración, pero todos sabemos que la oración se supone que es nosotros hablando a Dios. Nos ponemos un poco nerviosos cuando alguien comienza a oír de parte de Dios. ¿Qué te ha estado diciendo últimamente el Todopoderoso? ¿Y cuándo fue la última vez que Él te llamó a participar en una lucha moderna?

Él te llama a luchar por el corazón de tu Rey. Para algunos, hacer eso será sencillamente demasiado bárbaro, pero para otros su única opción será escoger el camino del bárbaro.

## LÍDERES PRIMITIVOS

Una invasión salvaje está teniendo lugar incluso en este mismo momento. Esas personas provienen de los cuatro rincones de la tierra y se cuentan entre los improbables. Desde el momento en que Jesús caminó entre nosotros, comenzó la invasión. Y al igual que aquellos que cruzaron sus caminos con Él aquí en la tierra, quienes son más religiosos serán los más ofendidos e indignados. Los bárbaros no son bienvenidos entre los civilizados, y son temidos entre los domesticados. El camino de Jesús es demasiado salvaje para sus sensibilidades. El sacrificio del Hijo de Dios, el camino de la cruz, el llamado a morir a nosotros mismos, todo eso carece de la dignidad de una fe refinada. ¿Por qué insistir en una manera tan bárbara? ¿Por qué un llamado intrépido a despertar la fe salvaje en nuestro interior, a riesgo de poner en peligro esta gran civilización que hemos llegado a conocer como cristianismo?

Porque Jesús no sufrió y murió para que nosotros pudiéramos construirnos refugios, sino para que pudiéramos extender el reino de su amor. Porque los reinos invisibles están en guerra por los corazones y las vidas de cada ser humano que camina sobre la faz de esta tierra. Y los tiempos de guerra requieren personas bárbaras que estén dispuestas a arriesgar la vida misma por la libertad de otros. La ironía, desde luego, es que los bárbaros son ahuyentados en tiempos de paz, pues alteran nuestras comunidades, tradiciones y sensibilidades. Es solamente en los tiempos más desesperados, tiempos de guerra o conflicto, cuando estos marginados son bienvenidos o incluso invitados a regresar.

Jefté, hijo de una prostituta, fue despreciado por su pueblo y expulsado de su tribu. Quienes más adelante decidieron unirse a él eran considerados una banda de hombres indignos, y sin embargo su historia nos recuerda precisamente que los no queridos y expulsados de entre nosotros son a quienes más necesitamos para liderar en tiempos de guerra. Los bárbaros pueden ser considerados indignos cuando todo es seguro, pero los tiempos peligrosos los hacen ser inestimables. Vivimos en esos tiempos. Y no estamos preparados para los grandes retos que tenemos por delante. No hemos estado preparados para emprender ninguna gran búsqueda, para batallar contra cualquier enemigo grande, o ni siquiera para perseguir el gran sueño para el cual hemos nacido. En cambio, el cristianismo se ha convertido en nuestra cadena perpetua, y nuestra redención solamente llegará si encontramos la valentía para escapar de la cárcel que hemos creado para nosotros mismos. Arriesgarlo todo para vivir libres es nuestra única esperanza, la única esperanza de la humanidad.

Jesús se está perdiendo en una religión que lleva su nombre. Personas se están perdiendo porque no pueden reconciliar la asociación de Jesús con el cristianismo. El cristianismo se ha vuelto dócil, domesticado, civilizado. Hemos olvidado que hay un reino de tinieblas robando las esperanzas, los sueños y las almas de una humanidad sin Dios. Ya es tiempo de oír el llamado del bárbaro, de formar una tribu bárbara, y de desatar la revuelta del bárbaro. Que comience la invasión...

# 2

# EL LLAMADO
# DE LOS
# BÁRBAROS

*Cuando Jesús terminó de dar instrucciones a sus doce discípulos, se fue de allí a enseñar y a predicar en otros pueblos. Juan estaba en la cárcel, y al enterarse de lo que Cristo estaba haciendo, envió a sus discípulos a que le preguntaran: — ¿Eres tú el que ha de venir, o debemos esperar a otro? Les respondió Jesús: —Vayan y cuéntenle a Juan lo que están viendo y oyendo: Los ciegos ven, los cojos andan, los que tienen lepra son sanados, los sordos oyen, los muertos resucitan y a los pobres se les anuncian las buenas nuevas. Dichoso el que no tropieza por causa mía* (Mateo 11:1-6 NVI).

**S**i estoy en lo correcto en cuanto a todo esto de los bárbaros, entonces las mujeres y los hombres que están más cerca de Dios vivirán más poderosamente por el espíritu puro e indómito de los bárbaros. Deberíamos preguntar, por ejemplo: cuando Jesús caminó entre nosotros, ¿a quiénes escogió Él para representarlo? O quizá deberíamos retroceder un poco más y preguntar: ¿a qué tipo de persona escogió Dios para preparar el camino para la venida de su Hijo? Su nombre era Juan. Lo conocemos mejor como Juan el Bautista.

Juan el Bautista era un verdadero bárbaro. Juan nos fue presentado con toda la fuerza de su personalidad:

*En aquellos días vino Juan el Bautista predicando en el desierto de Judea, y diciendo: Arrepentíos, porque el reino de los cielos se ha acercado. Pues este es aquel de quien habló el profeta Isaías, cuando dijo:*

*Voz del que clama en el desierto:*
*Preparad el camino del Señor,*
*Enderezad sus sendas.*

*Y Juan estaba vestido de pelo de camello, y tenía un cinto de cuero alrededor de sus lomos; y su comida era langostas y miel silvestre. Y salía a él Jerusalén, y toda Judea, y toda la provincia de alrededor del Jordán, y eran bautizados por él en el Jordán, confesando sus pecados.*

*Al ver él que muchos de los fariseos y de los saduceos venían a su bautismo, les decía: ¡Generación de víboras! ¿Quién os enseñó a huir de la ira venidera? Haced, pues, frutos dignos de arrepentimiento, y no penséis decir dentro de vosotros mismos: A Abraham tenemos por padre; porque yo os digo que Dios puede levantar hijos a Abraham aun de estas piedras. Y ya también el hacha está puesta a la raíz de los árboles; por tanto, todo árbol que no da buen fruto es cortado y echado en el fuego. Yo a la verdad os bautizo en agua para arrepentimiento; pero el que viene tras mí, cuyo calzado yo no soy digno de llevar, es más poderoso que yo; él os bautizará en Espíritu Santo y fuego. Su aventador está en su mano, y limpiará su era; y recogerá su trigo en el granero, y quemará la paja en fuego que nunca se apagará* (Mateo 3:1-12).

Hay varias cosas que destacan inmediatamente sobre Juan. Vestía de forma inusual y tenía extraños hábitos de alimentación. Por si acaso no estás seguro de eso, vestir ropa hecha de pelo de camello no era la última moda, incluso durante la época de Jesús. Se nos dice que comía langostas y miel silvestre. Supongo que la miel silvestre era para ayudar a tragar las langostas.

Estaba claro que él no era un seguidor de los líderes religiosos establecidos. Su apodo para los fariseos y saduceos, que eran el pináculo de la élite religiosa, era "generación de víboras". No, ese no era un término de cariño. Y creo que es importante destacar que su mensaje de fuego y azufre estaba dirigido totalmente hacia los religiosos, no los irreligiosos. Él era un bárbaro en medio de la civilización. Y francamente, la civilización le enfermaba. No tenía paciencia alguna para los religiosos domesticados que se ahogaban en su propio fariseísmo.

Ah, y a propósito, él no tenía educación formal, ninguna licenciatura. Su ocupación era la de profeta, y su dirección postal era el desierto. Por decir lo mínimo, no era la persona que cualquiera esperaría que preparara el camino para el Mesías. Juan era la voz que proclamaba la venida de Cristo, y mediante sus encuentros con Jesús podemos volver a descubrir el llamado del bárbaro.

## MÁS ALLÁ DE TODA DUDA

Juan envió a sus discípulos a hacer una pregunta a Jesús: *"¿Eres tú aquel que había de venir, o esperaremos a otro?"* (Mateo 11:3). Era una pregunta justa, ¿no crees? De hecho, es una pregunta que todos nosotros deberíamos hacer. Si Jesús no es Aquel, no deberíamos seguirlo; pero si lo es, deberíamos seguirlo a toda costa.

Yo mismo me hice esa pregunta hace unos veinte años. Espero que tú te hayas hecho esa pregunta. Siempre me siento esperanzado cuando una persona que ha sido indiferente comienza a hacer esta pregunta acerca de Jesús. Sin embargo, para Juan esta pregunta parecía totalmente fuera de lugar. ¿Cómo podía Juan estar inseguro con respecto a si Jesús era Aquel? Recordemos que Jesús y Juan eran primos. María y Elisabet estaban embarazadas de sus hijos al mismo tiempo. En una historia extraordinaria registrada por Lucas, se nos dice:

*En aquellos días, levantándose María, fue de prisa a la montaña, a una ciudad de Judá; y entró en casa de Zacarías, y saludó a Elisabet. Y aconteció que cuando oyó Elisabet la salutación de María, la criatura saltó en su vientre; y Elisabet fue llena del Espíritu Santo, y exclamó a gran voz, y dijo: Bendita tú entre las mujeres, y bendito el fruto de tu vientre. ¿Por qué se me concede esto a mí, que la madre de mi Señor venga a mí? Porque tan pronto como llegó la voz de tu salutación a mis oídos, la criatura saltó de alegría en mi vientre. Y*

*bienaventurada la que creyó, porque se cumplirá lo que
le fue dicho de parte del Señor* (Lucas 1:39-45).

¿Lo ves? Cuando Juan estaba en el vientre de su madre y
Jesús estaba también en el vientre de su madre, Juan saltó de
alegría. Reconoció a Jesús desde la posición fetal. Solamente puedo imaginar una pequeña vocecita que emanaba del
vientre de Elisabet preguntando: "¿Eres tú aquel que había
de venir, o esperaremos a otro?". En el vientre Juan lo sabía,
pero más adelante, treinta años después, ¿estaba inseguro?

Y parece que Dios estaba preparado para dejar claro en
la edad adulta de Juan lo que él sabía antes de haber nacido.
En el primer capítulo del Evangelio de Juan, Juan el Bautista estaba en medio de una conversación controvertida con
los líderes religiosos (ver Juan 1:19-28). Juan tenía claro
que su única misión era preparar el camino para el Mesías
que vendría. Era su tarea señalar a otros hacia Él, y eso es
exactamente lo que hacía. Nunca fue su intención reunir un
grupo de seguidores. Su deseo supremo para cualquiera de
sus discípulos era que llegaran a ser devotos seguidores del
Mesías que vendría.

En una ocasión, el apóstol Juan nos dijo: *"El siguiente
día otra vez estaba Juan, y dos de sus discípulos. Y miran-
do a Jesús que andaba por allí, dijo: He aquí el Cordero de*

*Dios. Le oyeron hablar los dos discípulos, y siguieron a Jesús"* (Juan 1:35-37).

Uno de esos dos discípulos era Andrés, quien se convirtió en uno de los doce que hemos llegado a conocer como los apóstoles. Era también hermano de Simón Pedro. Incluso tan temprano en el proceso, Juan tenía claro quién era Jesús. Estaba totalmente seguro de la identidad de Jesús; tanto, que condujo a sus discípulos a hacerse seguidores de Jesús. ¿Por qué en ese punto no estaba Juan corriendo hacia Jesús y preguntando: "¿Eres tú aquel? Todos ustedes los nazarenos tienen el mismo aspecto".

## MÁS ALLÁ DE LAS PREGUNTAS

En el medio de estos dos encuentros, descubrimos por qué Juan estaba tan seguro. El Evangelio nos dice:

*El siguiente día vio Juan a Jesús que venía a él, y dijo: He aquí el Cordero de Dios, que quita el pecado del mundo. Este es aquel de quien yo dije: Después de mí viene un varón, el cual es antes de mí; porque era primero que yo. Y yo no le conocía; mas para que fuese manifestado a Israel, por esto vine yo bautizando con agua. También dio Juan testimonio, diciendo: Vi al Espíritu que descendía del cielo como paloma, y permaneció sobre*

*él. Y yo no le conocía; pero el que me envió a bautizar*
*con agua, aquél me dijo: Sobre quien veas descender el*
*Espíritu y que permanece sobre él, ése es el que bautiza*
*con el Espíritu Santo. Y yo le vi, y he dado testimonio*
*de que este es el Hijo de Dios* (Juan 1:29-34).

Juan confesó que no estaba seguro sobre si Jesús era realmente Aquel, pero su bautismo eliminó toda duda. Mateo nos dijo que en el momento en que Juan bautizó a Jesús, los cielos fueron abiertos, y Juan vio al Espíritu de Dios descendiendo sobre Jesús como paloma e iluminándolo. Y también escuchó una voz del cielo que declaraba: *"Este es mi Hijo amado, en quien tengo complacencia"* (Mateo 3:16-17).

En otras palabras, a esas alturas Juan estaba totalmente seguro de una cosa: Jesús era Aquel. Te garantizo que ninguna otra persona a quien Juan bautizó experimentó ese tipo de dramatismo en torno al evento. Una voz proveniente de los cielos, y lo que según los estándares actuales serían unos asombrosos efectos especiales, sería suficiente para convencer incluso al más escéptico entre nosotros. Juan no estaba inseguro ni dudoso, y en su crudeza de bárbaro, el profeta indómito desafió a cualquiera que negara la legitimidad de Jesús.

Con ese conocimiento, Juan declaró su sometimiento al propósito y a la persona de Jesús el Cristo. Sin vergüenza ni ambigüedad declaró a quienes lo cuestionaban: *"Yo bautizo con agua; mas en medio de vosotros está uno a quien vosotros no conocéis. Este es el que viene después de mí, el que es antes de mí, del cual yo no soy digno de desatar la correa del calzado"*(Juan 1:26-27).

Por lo tanto, ¿en qué estaba pensando Juan, entonces? ¿Cómo pudo enviar a sus discípulos con una pregunta como esa? ¿Cómo podía estar rodeado por tantas dudas que se arriesgó a contagiarlas a sus discípulos? Todos los que estaban cerca de él le habían oído declarar la supremacía de Jesús. Todos ellos tuvieron que ser influenciados por la fortaleza de su confianza en quién era Jesús. ¿Por qué le preguntó a Jesús: *"¿Eres tú aquel que había de venir, o esperaremos a otro?"* (Mateo 11:3).

## JUEGOS MENTALES

No tenemos que ir muy lejos para encontrar la razón de la confusión de Juan. Justo antes de que Mateo registrara la pregunta de Juan, nos dejó saber lo que impulsó su crisis de fe. Él estaba en la cárcel. Herodes arrestó a Juan y lo metió en la cárcel a causa de Herodías. Herodías era la esposa de su hermano Felipe, y Herodes estaba teniendo una aventura amorosa con ella. En su esperada manera bárbara, Juan lo llamó por su nombre, negándose a aplacar a Herodes o a acobardarse bajo su poder. Herodes quería matar a Juan, pero tenía temor a la reacción del pueblo. El pueblo amaba a Juan porque lo consideraban un profeta de Dios.

Pero un día era el cumpleaños de Herodes, y la hija de Herodías danzó para él. Herodes quedó tan agradado (yo creo que esto hace alusión al tipo de agrado oscuro y malvado), que hizo la promesa de darle cualquier cosa que ella pidiera. En una trama entre Herodías y su hija, pidieron la cabeza de Juan el Bautista sobre una bandeja. Aunque el rey quedó consternado por razones políticas, le otorgó lo que ella le pidió (ver Mateo 14:1-12). Ese era el telón de fondo del dilema de Juan.

Juan estaba viviendo entre la cárcel y la bandeja cuando envió el mensaje a Jesús. ¿Acaso no debía esperar que Jesús lo dejara todo y acudiera en su ayuda? Después de todo, él siempre había estado ahí para Jesús. ¿Dónde estaba Él cuando Juan lo necesitaba? ¿Acaso no era consciente de que Juan necesitaba ayuda? ¿Era indiferente al dilema de Juan? ¿O sencillamente Él no era el Mesías tal como Juan había creído siempre?

Cuando Jesús recibió la pregunta de los discípulos de Juan, dio una respuesta impresionante: *"Vayan y cuéntenle a Juan lo que están viendo y oyendo: Los ciegos ven, los cojos andan, los que tienen lepra son sanados, los sordos oyen, los muertos resucitan y a los pobres se les anuncian las buenas nuevas. Dichoso el que no tropieza por causa mía"* (Mateo 11:4-6 NVI).

A primera vista se podría pensar que Jesús intentaba inspirar a Juan. Algo parecido a: "No te agobies, Juan. Estoy haciendo todo lo que podrías esperar de un Mesías". Hay que admitir que es un currículum bastante impresionante: los ciegos ven, los cojos caminan, personas con lepra son curadas, los sordos oyen, incluso los muertos son resucitados, y, además de todo eso, son predicadas las buenas nuevas a los pobres. ¿Cómo se argumenta contra eso? Sería de esperar que Juan estuviera abrumado de gozo, recuperara la cordura y se preguntara cómo podía haber cuestionado si Jesús era Aquel.

A excepción de un solo problema: Juan ya sabía todo eso. De hecho, Mateo dijo que eso era parte del problema: *"Y al oír Juan, en la cárcel, los hechos de Cristo, le envió dos de sus discípulos, para preguntarle…"* (11:2-3). Bueno, ya conocemos la pregunta. La asombrosa e inspiradora obra de Jesús no eliminó las dudas de Juan; en realidad las alimentó.

Eso sí que es un dilema. ¿Por qué el que Jesús hiciera tanto bien puso en peligro la fe de Juan? ¿Cómo podían desalentar a Juan las cosas que Jesús estaba haciendo para ayudar a otros? Cuando vemos la respuesta de Jesús a Juan, vemos una línea que sencillamente no encaja. Después de reforzar toda la evidencia de que Él era el Mesías, hablando de su obra milagrosa entre el pueblo, concluyó con esta idea aparentemente desconectada: *"Dichoso el que no tropieza por causa mía"*.

¿Por qué añadió eso Jesús? ¿Por qué, incluso, consideró la idea de que alguien podría tropezar con tanto bien sucediendo? No puedo imaginar que cualquiera se acercara a mí y dijera: "Demasiadas personas ciegas están recuperando la vista. Estoy teniendo una crisis de fe". O que alguien me confrontara diciendo: "Si una persona más que está paralítica se levanta y camina, me voy de aquí". Los milagros en raras ocasiones son seguidos por una oleada de retiradas. ¿Por qué sintió Jesús la necesidad de exhortar a Juan: "después de que te ha sido confirmado que todo está bien, serás dichoso si no tropiezas por causa mía"?

Lo que Jesús le estaba diciendo a Juan ha sido demasiado bárbaro para que nosotros lo mantengamos en la corriente principal de la fe cristiana. Jesús le estaba diciendo: "Juan, no voy a buscarte a ti. No voy a sacarte de la cárcel. No voy a salvar tu vida. Sí, he hecho todo esto y mucho más por otras personas, pero el camino que escojo para ti es distinto al de ellos. Tú serás dichoso, Juan, si esto no hace que tropieces".

Y por si no eso fuera lo bastante "malo", encontramos la disonancia de esta realidad acentuada en un versículo. En su capítulo de inicio, Marcos afirmó: *"Después que Juan fue* encarcelado, Jesús vino a Galilea predicando el evangelio del reino de Dios" (1:14).

¿Cuál exactamente, podríamos preguntar, era el evangelio del reino para Juan? Jesús sabía todo el tiempo que Juan había sido encarcelado. Sabía muy bien el destino que enfrentaría Juan. Incluso entonces Jesús entendía que su propósito no era salvarlo del dolor y el sufrimiento, sino de la falta de significado. Para Jesús, Juan estaba exactamente donde tenía que estar: cumpliendo el propósito de Dios para su vida. ¿Por qué iba a salvar a Juan de eso? En ese mismo pasaje, Jesús explicó: "El tiempo se ha cumplido, y el reino de Dios se ha acercado, arrepentíos, y creed en el evangelio" (Marcos 1:15).

## UNA INVITACIÓN PELIGROSA

Entonces, ¿cuál es el evangelio? La versión refinada y civilizada dice algo parecido a lo siguiente: Jesús murió y resucitó de la muerte para que puedas vivir una vida de comodidad, seguridad e indulgencias interminables. Pero realmente eso está desarrollado en exceso. Por lo general es más parecido a esto: si simplemente confiesas que eres pecador y crees en Jesús, serás salvado del tormento del fuego eterno, y después irás al cielo cuando mueras. Cualquiera de los casos da como resultado nuestra domesticación. Uno declara que la vida comienza en la eternidad, y el otro convierte la vida en una burla.

El llamado de Jesús es mucho más bárbaro que cualquiera de esos casos. Es un llamado a vivir en este mundo como ciudadanos de un reino totalmente diferente. En su estado primitivo, el evangelio nunca podía separarse de la invitación de Jesús: *"Ven, sígueme"*. Él no mintió sobre el peligro del costo asociado con convertirse en su seguidor. Les dijo desde un principio: *"He aquí, yo os envío como ovejas en medio de lobos; sed, pues, prudentes como serpientes, y sencillos como palomas"* (Mateo 10:16).

Un peligro de la fe civilizada es que nos volvemos tan domesticados que comenzamos a vivir tan prudentes como palomas. Somos ciegos a la naturaleza espiritual de la vida y la realidad invisible en la que residimos. Otro peligro es que nos volvemos tan inocentes como serpientes. Por demasiado tiempo, seguidores sinceros de Cristo han tenido que vivir con las consecuencias de quienes utilizan la religión para manipular a otros y camuflar la hipocresía. Jesús dejó claro a quienes decidían ser sus discípulos el tipo de líder que Él era y qué tipo de seguidores se requerirían.

Cuando Jesús preguntó a Pedro: *¿Quién dicen ustedes que soy yo?*, Pedro respondió: *"El Cristo de Dios"*. Jesús le dijo entonces:

*Es necesario que el Hijo del Hombre padezca muchas cosas, y sea desechado por los ancianos, por los principales sacerdotes y por los escribas, y que sea muerto, y resucite al tercer día. Y decía a todos: Si alguno quiere venir en pos de mí, niéguese a sí mismo, tome su cruz cada día, y sígame. Porque todo el que quiera salvar su vida, la perderá; y todo el que pierda su vida por causa de mí, éste la salvará. Pues ¿qué aprovecha al hombre, si gana todo el mundo, y se destruye o se pierde a sí mismo?* (Lucas 9:22-25)

## EL CAMINO MENOS TRANSITADO

No hubo ningún llamado impoluto a una religión adecuada. Fue un llamado salvaje a un camino del bárbaro. Pedro entendió eso y batalló para estar a la altura. Las palabras de Jesús acerca del amor prendieron los fuegos primitivos en el interior de la fe de Pedro. Deseando seguir a Jesús incluso hasta su muerte, él declaró a Jesús: "Señor, ¿por qué no puedo seguirte ahora? Pondré mi vida por ti".

La sencilla respuesta de Jesús fue: "¿De veras que pondrás tu vida por mí? De cierto te digo que antes de que cante el gallo me habrás negado tres veces" (ver Mateo 26:31-35).

Sí, Pedro falló en su empresa, pero entendió lo que Jesús estaba pidiendo. Amor y sacrificio eran inseparables. El camino del bárbaro no se trata de violencia alimentada por la venganza y el odio. El camino del bárbaro se trata de amor expresado mediante sacrificio y servicio.

Poco después de la muerte y resurrección de Jesús, Pedro y Jesús tuvieron otra conversación sobre amor y sacrificio. Tres veces Jesús preguntó a Pedro si lo amaba, y cada vez Pedro respondió declarando firmemente su amor. De hecho, las Escrituras nos dicen que Pedro se sintió herido porque Jesús le preguntó una tercera vez: *"¿Me amas?"*. La respuesta de Pedro fue: *"Señor, tú sabes todas las cosas. Tú sabes que te amo"*.

Listo para llevar la conversación a un nivel más profundo, Pedro se encontró siendo llamado al camino del bárbaro. Jesús le dijo: *"De cierto, de cierto te digo: Cuando eras más joven, te ceñías, e ibas a donde querías; mas cuando ya seas viejo, extenderás tus manos, y te ceñirá otro, y te llevará a donde no quieras. Esto dijo, dando a entender con qué muerte había de glorificar a Dios. Y dicho esto, añadió: Sígueme"* (Juan 21:17-19).

Jesús tenía una sola invitación para Pedro, solamente un rumbo establecido para él, solo un camino para que él lo escogiera si quería caminar con Cristo, y ese era el camino del bárbaro. Jesús nunca suavizó el costo de seguirlo a Él con la esperanza de que Pedro entonces decidiera seguir. Si Pedro escogía el camino con Cristo, eso significaría para él que un día sería llevado en contra de su voluntad y arrastrado para ser muerto. Si él quería vivir una vida de amor y lealtad al Cristo, le costaría su propia vida. También nosotros somos llamados a un camino que está lleno de incertidumbre, misterio y riesgo.

Por lo tanto, ¿cómo respondió Pedro? Se giró e hizo de Juan el foco de la conversación: *"Volviéndose Pedro, vio que les seguía el discípulo a quien amaba Jesús, el mismo que en la cena se había recostado al lado de él, y le había dicho: Señor, ¿quién es el que te ha de entregar? Cuando Pedro le vio, dijo a Jesús: Señor, ¿y qué de este?"* (Juan 21:20-21).

Sé exactamente lo que estaba haciendo Pedro. Estaba pensando: *Si voy a morir, quiero asegurarme de que todos los demás tengan que morir, especialmente él. Después de todo, si el camino del bárbaro es para todos nosotros, ¿no tendría el mismo resultado para todos? ¿No tendríamos que sufrir todos y morir de una muerte brutal?* Pero no funciona de esa manera.

Jesús le respondió: *"Si quiero que él quede hasta que yo venga, ¿qué a ti? Sígueme tú"* (Juan 21:22).

Esta es la parte complicada del llamado del bárbaro. No es justo o equitativo. Cuando oyes el llamado, cuando sigues el llamado, debes reconocer que es una proposición de vida y muerte. Cuando entiendes lo que Jesús quiere decir cuando afirma que debes seguirlo a Él, finalmente entiendes que no es un llamado grupal. Él no te está llamando a la misma vida que vivirán todos los demás. Ni siquiera te está llamando al mismo camino por el que transitará cada seguidor de Cristo. Tu vida es única delante de Dios, y tu camino es tuyo y solamente tuyo. Dónde decidirá Dios guiarte y cómo decide Dios utilizar tu vida no puede predecirse por cómo ha obrado Dios en las vidas de otros antes de ti. La respuesta de Jesús a Pedro fue tan clara como podría ser: "Si yo quiero que Juan viva y tú mueras, ¿qué te importa? Tu parte es seguirme. Mi parte es guiar el camino".

## ES UN NEGOCIO ARRIESGADO

El cristianismo como religión civilizada reclama tener un plan de grupo negociado con Dios. Todo el mundo recibe el mismo paquete; y, claro está, el paquete es siempre el plan superior: te haces rico, tienes comodidad, tienes seguridad, te pones bien cuando recibes a Dios. Todo el mundo recibe el plan de Juan, y nadie recibe el paquete de Pedro. El resultado y la prueba de la fe son que llegas a vivir una vida sin riesgo, lo cual es irónico cuando entiendes que, para la iglesia primitiva, la fe era un negocio riesgoso.

El capítulo 11 de Hebreos ha llegado a conocerse como el "salón de la fe". Comienza con la declaración: *"Es, pues, la fe la certeza de lo que se espera, la convicción de lo que no se ve. Porque por ella alcanzaron buen testimonio los antiguos"* (vv. 1-2).

A lo largo del capítulo, el escritor nos desafía con el poder y la vitalidad de la fe antigua. Destaca a individuos como Abel, Enoc, Noé, Abraham, José y Moisés. Incluso se refiere a algunos héroes de la fe sorprendentes, como Rahab y Sansón. Al resumir las hazañas de esta extraordinaria lista, el escritor explica sus calificaciones diciéndonos: *"que por fe conquistaron reinos, hicieron justicia, alcanzaron promesas, taparon bocas de leones, apagaron fuegos impetuosos, evitaron filo de espada, sacaron fuerzas de debilidad, se hicieron fuertes en batallas, pusieron en fuga ejércitos extranjeros. Las mujeres recibieron sus muertos mediante resurrección"* (Hebreos 11:33-35).

Este es el tipo de cosas que todos nosotros creemos cuando pensamos en mujeres y hombres de fe. Cuando vivimos por fe, no morimos a filo de espada. Cuando vivimos por fe, cada batalla se gana y cada enemigo es conquistado. Cuando vivimos por fe, los leones se quedan con hambre, los verdugos se quedan sin empleo y las posibilidades de la muerte se ven muy lúgubres.

Pero la fe no se detiene ahí. ¡Ah, cómo me gustaría que así fuera, pues haría la vida mucho más fácil! Pero en realidad solo comienza ahí. Esta breve lista de los fieles (y quiero enfatizar la palabra *breve*) nos está señalando no a la regla, sino a la excepción de la regla. Estos hombres y mujeres están en la lista exactamente porque sus vidas fueron muy extraordinarias y los resultados fueron muy inusuales. No estoy diciendo que a Dios ya no le gusta obrar así. Lo que digo es que Dios tan solo está comenzando. Él tiene un trabajo mucho más profundo que hacer en nosotros y por medio de nosotros.

Cualquier comprensión de la fe que esté arraigada genuinamente en las Escrituras debe hacer lugar siempre para los "otros". ¿Quiénes son los otros? No lo sabemos exactamente. Solamente sabemos cómo obró la fe en sus vidas. Después de todo, ¿no es eso para lo que nos estaba preparando Jesús? Hablando a sus discípulos, Jesús dijo: *"Si el mundo os aborrece, sabed que a mí me ha aborrecido antes que a vosotros... El siervo no es mayor que su señor. Si a mí me han perseguido, también a vosotros os perseguirán"* (Juan 15:18-20). Pedro continuó este tema recordándonos: *"no os sorprendáis del fuego de prueba que os ha sobrevenido, como si alguna cosa extraña os aconteciese, sino gozaos por cuanto sois participantes de los padecimientos de Cristo"* (1 Pedro 4:12-13).

Hebreos continúa describiendo a los héroes de la fe en el versículo 35. Tras decirnos que las mujeres recibieron sus muertos mediante resurrección, el escritor afirma:

*Otros fueron atormentados, no aceptando el rescate, a fin de obtener mejor resurrección. Otros experimentaron vituperios y azotes, y a más de esto prisiones y cárceles. Fueron apedreados, aserrados, puestos a prueba, muertos a filo de espada; anduvieron de acá para allá cubiertos de pieles de ovejas y de cabras, pobres, angustiados, maltratados; de los cuales el mundo no era digno; errando por los desiertos, por los montes, por las cuevas y por las cavernas de la tierra. Y todos estos, aunque alcanzaron buen testimonio mediante la fe, no recibieron lo prometido; proveyendo Dios alguna cosa mejor para nosotros, para que no fuesen ellos perfeccionados aparte de nosotros* (Hebreos 11:35-40).

Otros experimentaron un resultado distinto de la fe. Como mínimo, sus vidas fueron mucho menos deseables que las vidas de aquellos que hemos llegado a conocer por la fama bíblica. Sin embargo, sus vidas no fueron expresiones menores de una vida bien vivida, y vivida plenamente en la presencia y el poder de Dios que las de aquellos a quienes aspiramos a emular. Todos ellos fueron elogiados por su fe. Aunque el primer grupo de los fieles tiene nombres que serán conocidos en la historia, los otros permanecen anónimos. Eso no se debe a que vivieron una vida de fe menor, sino a que había muchos más de ellos.

Todos ellos escogieron y anduvieron el camino del bárbaro, y fueron dichosos porque no hallaron tropiezo en Jesús. Confiaron sus vidas a Jesús, y perdieron sus vidas en el viaje. Si pudiéramos entrevistar a cualquiera de ellos, sin embargo, cada uno insistiría en que incluso en medio del sufrimiento y la dificultad, Él estuvo plenamente vivo. Dios no los defraudó porque ellos no entendieron mal quién era Él. Entendieron su llamado, y lo escogieron de buena gana. Juan el Bautista se uniría a su grupo. Algunos bárbaros sobreviven a la noche en el foso de los leones; otros experimentan su noche más oscura y despiertan en la eternidad.

## CONFESIONES DE UNA MENTE PELIGROSA

Mariah y yo estábamos en San Diego, y tras un evento yo tuve un encuentro un poco hostil. La experiencia le puso a ella un poco nerviosa, pero más que cualquier otra cosa, pareció picarle la curiosidad. Me preguntó: "Tú haces enojar a muchas personas, ¿no es cierto, papá?".

"Algunas veces."

Insistiendo, preguntó: "¿Ha intentado alguien hacerte daño alguna vez?".

"Sí."

"¿Ha intentado alguien matarte alguna vez?".

Yo dije: "En cierto modo".

"Cuéntamelo", insistió con tanta emoción como he visto en una conversación entre padre e hija.

Así que detallé un encuentro sobre el que escribí en *Una fuerza incontenible*. Le dije que había un expresidiario que me hizo saber, mientras estaba en la cárcel, que en cuanto lo soltaran, iba a poner fin a mi vida. En lugar de esperarlo cuando él estuviera en la calle, lo encontré en las viviendas subvencionadas. Sabiendo que tenía absorta a Mariah, hice todo lo posible para resaltar el peligro y el misterio del momento. Hice una pausa después de describir la sala en la cual los dos solos estuvimos cara a cara: William sosteniendo el mismo puñal con el que había rajado la garganta de otro hombre, y yo sin ningún lugar a dónde ir.

Antes de poder continuar, Mariah ya no podía aguantar más. Con pánico en su mirada, dijo: "¿Y te mató?".

Puede parecer una crueldad, pero me negué a decírselo. Es posible que incluso hasta la fecha mi hija piense que su padre está muerto (necesito añadir que Mariah me da permiso para compartir esta historia con la condición de que comunique claramente que aquella noche ella estaba muy cansada).

El bárbaro entiende la historia en la que estamos de modo distinto a quien está civilizado. Aunque Mariah debería haber conocido el resultado de mi historia, en algunos aspectos ella tiene una mejor comprensión de la realidad que algunos de nosotros. Se nos ha enseñado que cada historia que Jesús escribe con nuestras vidas termina con "y vivieron felices para siempre". Mariah es más sensata. Ella sabe que las buenas personas mueren, que hombres y mujeres que toman decisiones heroicas no siempre conservan la vida para relatar sus propias historias. Algunas veces, algún otro debe relatar las historias de sus vidas, recordar la memoria de su valentía. La perspectiva civilizada de Jesús es que Él siempre interviene a favor de nosotros. Como Superman, Él siempre aparece justo a tiempo para protegernos y salvarnos del desastre. Su propósito es apuntalar nuestra seguridad, nuestra conveniencia y nuestra comodidad.

Durante años he hecho que mi misión sea destruir la influencia del cliché cristiano: "el lugar más seguro donde podemos estar, es en el centro de la voluntad de Dios", pero justamente esta semana pasada mi esposa Kim me introdujo a uno de los primeros usos de esta frase. Se encuentra en el diario de Corrie ten Boom. La hermana de Corrie, Betsie, le estaba alentando con esta esperanza. Yo siempre he sentido un gran desdén por esa afirmación, pero tengo que admitir que este contexto en particular me muestra lo mucho que nos hemos desviado del modo en que debió haberse entendido. Para Corrie y Betsie, la promesa de seguridad en el centro de la voluntad de Dios, se hacía realidad en campos de concentración durante el holocausto nazi de los judíos. Y aunque Corrie vivió para contar la historia, Betsie murió en medio de esa situación.

Claramente, ninguna de ellas concluyó que esta expresión comunicaba una creencia en que Dios les evitaría sufrir dificultades e incluso de la muerte. La afirmación de Betsie era una declaración de que caminar en el carácter de Cristo siempre es la elección correcta, a pesar de cuál sea el resultado o la consecuencia. En cierto modo hemos pervertido esta comprensión más primitiva hasta llevarla a otra más civilizada. En lugar de encontrar confianza para vivir como deberíamos a pesar de cuáles sean nuestras circunstancias, la hemos utilizado como justificación para escoger el camino de menor resistencia, menor dificultad y menor sacrificio. En lugar de concluir que es mejor estar donde Dios quiere que estemos, hemos decidido que donde sea mejor para nosotros que estemos es el lugar donde Dios quiere tenernos. En realidad, la voluntad de Dios para nosotros se trata menos de nuestra comodidad que de nuestra propia contribución. Dios nunca escogería para nosotros seguridad a costa de significado. Dios nos creó para que nuestra vida contara, no para que nosotros pudiéramos contar los días de nuestra vida.

## AVENTURAS DE ALTO RIESGO

¿Crees que Juan el Bautista se sentía seguro al estar en el centro de la voluntad de Dios mientras Jesús estaba ocupado proclamando a otros el evangelio, y dejándolo a él en la cárcel? Y cuando Juan estaba a punto de perder su cabeza debido a su lealtad al Hijo de Dios, ¿crees que se sentía abrumado por la mano protectora de Dios?

Si el lugar más seguro donde estar es en el centro de la voluntad de Dios, entonces ¿cómo explicas la vida y ministerio de Esteban: un sermón y después apedreado hasta la muerte? ¿Realmente era él tan malo? Si el lugar más seguro donde estar es en el centro de la voluntad de Dios, entonces ¿por qué la palabra bíblica para *testigo* es en realidad la palabra para *mártir*?

Si el lugar más seguro donde estar es en el centro de la voluntad de Dios, entonces ¿cómo explicas la experiencia de Pablo? Pablo caminaba con Dios, y sin duda alguna, sea como sea el centro de la voluntad de Dios, Pablo tuvo que haber visitado ese lugar al menos unas cuantas veces en su vida. Sus diarios, sin embargo, describen una vida que no está llena de seguridad y certeza, sino una vida de aventura y peligro. Pablo dijo de sus viajes:

> *Yo más; en trabajos más abundante; en azotes sin número; en cárceles más; en peligros de muerte muchas*

*veces. De los judíos cinco veces he recibido cuarenta azotes menos uno. Tres veces he sido azotado con varas; una vez apedreado; tres veces he padecido naufragio; una noche y un día he estado como náufrago en alta mar; en caminos muchas veces; en peligros de ríos, peligros de ladrones, peligros de los de mi nación, peligros de los gentiles, peligros en la ciudad, peligros en el desierto, peligros en el mar, peligros entre falsos hermanos; en trabajo y fatiga, en muchos desvelos, en hambre y sed, en muchos ayunos, en frío y en desnudez* (2 Corintios 11:23-27).

Alguien olvidó decirle a Pablo cuán seguro era el centro de la voluntad de Dios. Al haber recibido esa perspectiva, ¿acaso no habría sabido cómo redirigir su vida? El peligro habría sido su primera indicación de que estaba fuera de la voluntad de Dios; a menos, desde luego, que él fuera un bárbaro. Pablo había escuchado el llamado del bárbaro. Sabía exactamente quién era Jesús y la vida a la cual había sido llamado. Pablo había sido un religioso. Había aprendido el arte de condenar a otros a la vez que se ocultaba detrás de su pomposo fariseísmo, lo cual, a propósito, es uno de los mayores peligros de la religión.

Puede que no haya un arma más peligrosa para la violencia o la opresión que la religión. Parece contra intuición,

pero cuando los seres humanos creamos religiones, las utilizamos para controlar a otros mediante su culpabilidad y
su vergüenza. La religión verdadera siempre nos mueve a
servir a otros y a dar nuestras vidas para que los oprimidos encuentren libertad. Pablo perseguía a los seguidores
de Cristo e incluso instigaba sus muertes, pero después
arriesgó su propia vida para que otros pudieran vivir. Antes personificaba lo peor que sucede cuando una religión se
vuelve civilizada: se aleja de Dios y oprime a la humanidad
en el nombre de Dios. Pablo antes era consumido por la religión, pero después fue transformado por la presencia viva
de Dios mismo.

También nosotros debemos encontrar el camino del
bárbaro fuera de la civilización. ¿Cómo hemos llegado hasta
esta perspectiva higiénica de la fe a la cual Jesús nos llama?
En algún lugar a lo largo del camino, el movimiento de Jesucristo se volvió civilizado como cristianismo. Creamos la religión utilizando el nombre de Jesucristo y nos convencimos
a nosotros mismos de que el deseo óptimo de Dios para
nuestras vidas era aislarnos en una burbuja espiritual en la
que no arriesgamos nada, no sacrificamos nada, no perde-
mos nada, no nos preocupamos por nada. Sin embargo, la
muerte de Jesús no fue para liberarnos de morir, sino para
liberarnos del temor a la muerte. Jesús vino para liberarnos
de modo que pudiéramos morir primero y después vivir.

Jesucristo quiere llevarnos a lugares donde solamente pueden ir hombres y mujeres muertos.

Me pregunto cuántos de nosotros hemos perdido nuestro camino del bárbaro y nos hemos amargado contra Dios, confusos en nuestra fe porque Dios no interviene del modo en que nosotros pensamos que debería hacerlo. ¿Es posible que el poder transformador de la iglesia se haya perdido porque seguimos invitando a las personas a entrar en la comodidad y seguridad de Jesucristo? Hemos creado una cultura religiosa en la cual, aunque somos la sociedad más bendecida en la historia del planeta, nuestra literatura de mayor venta sigue enfocándose en cómo podemos ser más bendecidos. Quizá necesitamos regresar al principio de este movimiento.

El llamado original de Jesús fue muy sencillo, muy claro y muy limpio: *"Sígueme"*. Quiere que rindamos nuestras vidas a Él y lo sigamos hacia lo desconocido. Y si eso significa una vida de sufrimiento, dificultad y decepción, valdrá la pena porque seguir a Jesucristo es más poderoso y más satisfactorio que vivir con todo en el mundo excepto Él. ¿Hemos olvidado eso? ¿Nos hemos vuelto tan refinados y tan civilizados que los beneficios de nuestra fe se han vuelto más preciosos y más valiosos que el Benefactor de nuestra fe?

Me pregunto cuántos de nosotros estamos en ese lugar de Juan el Bautista, en esa encrucijada en la que Dios pregunta: "¿Estás dispuesto a perderlo todo por mí para ganar lo que yo deseo para ti? En lugar de vivir una vida larga, ¿estás dispuesto a vivir una vida que valga la pena vivir?".

## PRIMERO TÚ

La red Church Communication Network me envió una invitación para realizar una sesión sobre liderazgo en una de sus conferencias nacionales. Yo realmente no había sido consciente de que el entrenamiento estaba disponible mediante este sistema de satélite conocido como CCN. Me habían pedido que realizara una sesión que iría después de uno de los expertos más creíbles sobre liderazgo de la iglesia. Tenía el honor de hacer algo en colaboración con el calibre de los líderes que estaban implicados. Estaba a la vez emocionado y nervioso mientras me preparaba para salir después del conferencista principal. En algún lugar en su conferencia, él comenzó a decir algo que me sorprendió mucho. Claramente dijo: "No seas un innovador; sé un primer usuario".

Oír eso creó una crisis para mí, ya que le doy un valor muy alto a la innovación. En Mosaic, la comunidad donde sirvo como pastor principal en Los Ángeles, no nos describimos a nosotros mismos como una iglesia moderna o una iglesia posmoderna, una iglesia contemporánea o una iglesia emergente. La única descripción que utilizo es que somos una iglesia experimental. Nos prestamos voluntarios para ser el departamento de I+D (innovación y desarrollo) de Dios. Cualquier cosa que Él quiera hacer y que otras iglesias no quieren hacer o no están dispuestas a hacer, a nosotros nos gustaría realizarlo. Una parte de nuestros valores (el espíritu de nuestra cultura congregacional) es dar valor al riesgo, el sacrificio y la creatividad.

El conferencista pasó a explicar que el innovador es el tipo que se come el hongo venenoso y muere. El primer usuario es el tipo que está a su lado y que no tiene que comérselo. Puede aprender de la mala fortuna del innovador. Tenía todo el sentido para mí. Por eso él es el hombre. Me resultó curioso que mi percepción era que él había sido en gran manera un innovador, el tipo de hombre que se había comido algunos hongos muy malos y que consiguió vivir para contarlo.

Antes de darme cuenta, llegó mi turno. Cualquier cosa de la que hubiera planeado hablar era irrelevante para lo que daba vueltas en mi cabeza. *¿Debía dejar yo de ser un innovador? ¿Era sabia la decisión de convertirme en un primer usuario?* Pero mi mente no se detuvo ahí. *¿Qué sucedería si todo el mundo se convirtiera en primer usuario? ¿Quién sería el*

*innovador? Si nadie se comía los hongos, ¿cómo podríamos sa-*
*ber cuáles de ellos son seguros? Sin los innovadores, ¿con quién*
*contaríamos para que muriera?*

Con todas esas ideas dando vueltas en mi cerebro, per-
mití que mi charla se dirigiera hacia donde la conferencia
y quizá el Espíritu de Dios me guiaran. Después de darle
gracias por su asombrosa contribución al Cuerpo de Cristo
y por ser mi mentor por medio de sus libros y su ministerio, pasé a darle las gracias por una nueva metáfora para mi
vida. Soy un comedor de setas.

Entiendo los riesgos. Quizá más que nunca antes, las
implicaciones están claras: ahora, cualquier día podría ser
mi última cena. Pero sin arriesgarnos a comer los hongos
venenosos, nunca habríamos descubierto las alegrías de
las setas *portobello.* En poco tiempo, pensé mucho en lo
siguiente: *¿Por qué ese hombre se comió aquel primer hongo*
*venenoso?* Lo cual me condujo a otras preguntas profundas:
*¿Qué pudo haber motivado a alguien a comerse un pepino de*
*mar o una medusa? ¿Qué fue exactamente lo que motivó a ese*
*primer consumidor a comerse una ostra cruda o decidir que los*
*caracoles eran para algo más que pisarlos?*

Mi conclusión fue sencilla: tenían hambre, quizá incluso se morían de hambre. Si estás atrapado en el mar el tiempo suficiente, quizá comiences a preguntarte si la misma
medusa que te picó podría también satisfacer tu hambre.

50

Pude ver a un padre con niños hambrientos cocer una olla de caracoles, llamarlos *escargot*, y comenzar la cena diciendo: "Miren, niños, somos ricos y sofisticados". Antes de que la aristocracia pusiera el nombre de "caviar" a los huevos de peces, alguna madre estirando la pesca del día para alimentar a toda su familia simplemente los llamaba "cena".

La innovación es una habilidad de la vida. Cuando estamos rodeados de civilización, la innovación tiende a estar motivada por el aburrimiento. Cuando somos bárbaros intentando llegar a otros bárbaros, la innovación está motivada por el amor. Los bárbaros son un pueblo de la tierra. Sabemos cómo sobrevivir en el desierto. Entendemos que quienquiera que camine delante, lo hace más cerca de la muerte, pero incluso este conocimiento no hace que aminoremos el paso.

El llamado del bárbaro es así de sencillo: somos llamados a ser comedores de hongos. Un mundo sin Dios no puede esperar a que nosotros escojamos el camino seguro. Si esperamos a que otra persona corra el riesgo, nos arriesgamos a que no haya nadie que actúe jamás y que no se logre nada nunca. Juan el Bautista era un comedor de hongos, y le costó su propia vida. Jesús también era un comedor de hongos, y se encontró clavado en un madero. Ninguno de estos dos hombres llegó a ver su cincuenta cumpleaños. Los dos señalan hacia el camino del bárbaro.

## LLAMADOS

Si no te gusta la idea de ser un innovador, está bien. Haz lo que Jesús te llame a hacer en el momento en que esté claro para ti. No lo postergues; no vaciles; no te desvíes de cualquier curso de acción al que Él te haya llamado. Pero quiero advertirte: mientras más cerca caminas con Cristo, mayor es la fe que se requiere. Mientras más confías en Él, más te arriesgarás por causa de Él. Mientras más lo ames a Él, más amarás a los demás. Si aceptas genuinamente su sacrificio, aceptarás alegremente una vida sacrificial. Tus expectativas de Jesús cambiarán a medida que la intimidad con Él sea más profunda. Cuando comienzas a seguir a Jesús apasionadamente, sin darte cuenta te encontrarás innovando. Después de todo, Jesús está transformando vidas, escribiendo la historia, creando el futuro y desatando el reino de Dios. Si planeas seguirle el paso a Jesús el Pionero, será mejor que esperes algunos cambios.

Nuestra fe civilizada demanda caviar y escargot; nuestra fe bárbara acepta que quizá tendremos que comer huevos de pescado y caracoles. Miramos a Jesús, no para cumplir nuestros anhelos huecos o para que nos provea comodidades como criaturas. Lo miramos a Él para que nos dirija donde más nos necesite y donde podamos realizar el mayor bien.

Los bárbaros oyen un llamado diferente al de los cristianos civilizados. Entendemos con claridad que seguimos al Dios que escogió el camino de la cruz. Si Jesús no evitó el "lugar de la calavera", entonces no deberíamos sorprendernos por los lugares donde Él podría guiarnos. Si incluso Él mismo se encontró sudando gotas de sangre en Getsemaní, entonces deberíamos tener la seguridad de que soportaremos en momentos de crisis, en los que lo único que podemos hacer después de pedir alivio es declarar: "No sea mi voluntad, sino la tuya". En esos momentos puede que descubras que hay pocas personas que están a tu lado para darte consuelo y fortaleza, y extrañamente, tal vez descubras que hay muchos intentando razonar contigo que Dios nunca requeriría tanto de nadie. Sin embargo, incluso con todo ese ruido sonando en el interior de tu mente, seguirás oyendo con claridad la voz de Cristo y su llamado bárbaro si escuchas con suficiente atención.

# 3

## LA TRIBU
## DE LOS
# BÁRBAROS

*Mientras ellos se iban, comenzó Jesús a decir de Juan a la gente: ¿Qué salisteis a ver al desierto? ¿Una caña sacudida por el viento? ¿O qué salisteis a ver? ¿A un hombre cubierto de vestiduras delicadas? He aquí, los que llevan vestiduras delicadas, en las casas de los reyes están. Pero ¿qué salisteis a ver? ¿A un profeta? Sí, os digo, y más que profeta. Porque éste es de quien está escrito: He aquí, yo envío mi mensajero delante de tu faz, El cual preparará tu camino delante de ti. De cierto os digo: Entre los que nacen de mujer no se ha levantado otro mayor que Juan el Bautista; pero el más pequeño en el reino de los cielos, mayor es que él* (Mateo 11:7-11).

Aunque Juan estaba confuso con respecto a Jesús, Jesús no estaba confuso con respecto a Juan. Jesús sabía que todo el mundo estaba confuso con respecto a Juan. Juan carecía de "pedigrí" religioso, y sin embargo hablaba claramente con poder espiritual. Al mismo tiempo, no se parecía en nada a un sacerdote o a un maestro de la ley. Para expresarlo claramente, Juan era muy extraño. No era lo que uno esperaría cuando estaba buscando un líder espiritual. La fe de Juan era cruda e indómita. No había nada civilizado con respecto a él.

Y parecía que Jesús no los reprendía ni se burlaba porque ellos esperaran encontrar a alguien diferente. Si estuvieras buscando una caña movida por el viento (alguien fácilmente moldeable por las expectativas de los civilizados) o un hombre vestido con ropa fina (alguien que vive para impresionar a la élite política o religiosa), estarías buscando en el lugar equivocado. Pero si salieras a ver a un profeta, Juan era tu hombre. Y era más que un profeta. Él era aquel a quien Dios escogió para preparar el camino para la venida de su Hijo. De todos los hombres nacidos de mujer, y eso cubre prácticamente a todo el mundo excepto Adán, Juan era el mayor. Jesús, a propósito, era nacido de Dios. La suposición era que para ese tipo de tarea Dios escogería a alguien con lustre y refinamiento.

Jesús quería dejar claro que mientras mayor es la responsabilidad en el reino, más se requiere a alguien bárbaro. Pero entonces añadió algo que abrió una compuerta de posibilidades para el resto de nosotros. Jesús dijo: *"pero el más pequeño en el reino de los cielos, mayor es que él"* (Mateo 11:11).

Eso significa que todavía hay grandes oportunidades disponibles para el resto de nosotros. Jesús esperaba que a Juan se le uniera una tribu de bárbaros después. Jesús vivió en una época en la que el judaísmo había sido domesticado, institucionalizado y civilizado; era solamente una cáscara hueca de lo que Dios quería que fuera. Juan no encajaba en la religión organizada de su época porque Dios tampoco encajaba en ella. Jesús mismo, el Mesías de Israel, se mantuvo como marginado incluso hasta su muerte.

Jesús describió esta controversia bárbara cuando señaló cuán domesticados se habían vuelto:

*Mas ¿a qué compararé esta generación? Es semejante a los muchachos que se sientan en las plazas, y dan voces a sus compañeros, diciendo:*

*Os tocamos flauta, y no bailasteis; os endechamos,*
*y no lamentasteis.*

*Porque vino Juan, que ni comía ni bebía, y dicen: De-
monio tiene. Vino el Hijo del Hombre, que come y bebe,
y dicen: He aquí un hombre comilón, y bebedor de vino,
amigo de publicanos y de pecadores. Pero la sabiduría
es justificada por sus hijos* (Mateo 11:16-19).

En otras palabras, a pesar de lo que haga una persona
que sigue genuinamente a Dios, se encontrará una razón
para menospreciarlo. Jesús concluyó: *"Pero la sabiduría que-
da demostrada por sus hechos"* (NVI).

Jesús estaba dejando claro que ser un discípulo nunca
tenía intención de ser equivalente a encajar dentro de un
molde de estereotipos. Jesús y Juan eran considerados bárbaros, aunque ambos se expresaban de diferentes maneras.
Pero en lo fundamental, eran lo mismo. Vivían y se movían
en lo místico. Es decir, tenían una conexión única y trascen-
dente con el Creador del universo. Guiados por la voz de
Dios, les importaba poco la percepción que otros tuvieran
de ellos. Lo que era invisible para otros estaba claro para
ellos. Sus vidas no podían explicarse alejadas de Dios.

Mientras caminó entre nosotros, Jesús intentó explicar-
nos esto. Nos dijo, como si entendiéramos con dificultad,
que Él hablaba solamente lo que oía decir al Padre, y hacía
solamente lo que veía hacer al Padre. Llamó a sus discípulos
a hacer de esto su patrón para vivir.

De algún modo, el cristianismo se ha convertido en una religión que no es mística. Se trata de fe razonable. Si creemos las cosas correctas, entonces somos ortodoxos. Francamente, si llegamos alguna vez a conectar de verdad con Dios o experimentar su presencia innegable, eso se ha vuelto incidental, si no irrelevante. Hemos llegado a ser creyentes en lugar de personas que experimentan. Conocer a Dios en las Escrituras siempre iba más allá de la información, hasta la intimidad. Puede que nos encontremos incómodos con esta realidad, pero la fe de las Escrituras es una fe mística; nos conduce más allá del mundo material hacia una realidad invisible. Llegamos a conectarnos con el Dios de la eternidad. Lo que tú eres en lo más profundo es espíritu. Dios es Espíritu. Caminar con Dios es hacer un viaje en la esfera espiritual.

## GUERREROS MÍSTICOS

Nuestra herencia espiritual está llena de personas como Enoc, quien caminó con Dios durante trescientos años, y *"desapareció, porque le llevó Dios"* (Génesis 5:21-2). Y Abram, cuyo viaje espiritual comenzó con la voz de Dios llamándolo a una vida de osado abandono: *"Vete de tu tierra y de tu parentela, en la casa de tu padre, a la tierra que te mostraré"* (Génesis 12:1). *"Y se fue Abram, como Jehová le dijo"*

(Génesis 12:4). Y después estaba Samuel, quien oyó una voz en la noche. Su historia comenzó: "*y la palabra de Jehová escaseaba en aquellos días; no había visión con frecuencia... Jehová llamó a Samuel*" (1 Samuel 3:1, 4). Tres veces oyó la voz en la noche. Y siguiendo las instrucciones del sumo sacerdote Elí, Samuel respondió: "*Habla, porque tu siervo oye*". Y desde luego, ¿quién puede olvidar a Elías, huyendo de la malvada reina Jezabel y escondiéndose en una cueva en una montaña? El Señor le ordenó:

> *Sal fuera, y ponte en el monte delante de Jehová. Y he aquí Jehová que pasaba, y un grande y poderoso viento que rompía los montes, y quebraba las peñas delante de Jehová; pero Jehová no estaba en el viento. Y tras el viento un terremoto; pero Jehová no estaba en el terremoto. Y tras el terremoto un fuego; pero Jehová no estaba en el fuego. Y tras el fuego un silbo apacible y delicado. Y cuando lo oyó Elías, cubrió su rostro con su manto, y salió, y se puso a la puerta de la cueva. Y he aquí vino a él una voz, diciendo: ¿Qué haces aquí, Elías?* (1 Reyes 19:11-13)

Estas personas, y muchas otras como ellos, eran la tribu de bárbaros. Sus historias comenzaron y terminaron con Dios. Eran guerreros místicos llamados a avanzar la causa del Creador del universo.

Cada uno de nosotros que es un servidor de Jesucristo está llamado a unirse a la misma tribu, a vivir del mismo modo. Para los primeros discípulos, Jesús estaba allí a su lado para que ellos observaran y oyeran. Para el resto de nosotros, tenemos que aprender a ver lo invisible y oír lo inaudible. Somos llamados a unirnos a la tribu de bárbaros y aceptar nuestro llamado como guerreros místicos. Aunque podemos aprender de otras personas, cosas importantes acerca de Dios, al final, para conocer el camino del bárbaro debemos recibir nuestras instrucciones de Dios mismo. Si esto no es suficiente para volverte loco, no sé entonces qué será. Lo cual supongo que me conduce hasta este punto: existe un nivel de locura que viene con el camino del bárbaro.

Thoreau hablaba sobre individuos que marchan al ritmo de un tambor diferente. Los bárbaros no han conocido nunca al tamborilero. En la perspectiva civilizada del discipulado, todo el mundo se mueve hacia el centro. El discipulado se traduce en estandarizar a todo el mundo según el mismo patrón. Hemos equiparado la promesa de que seríamos conformados a la imagen de Cristo con una creencia de que todos nosotros seremos iguales. El discipulado se ha convertido en el mecanismo para la uniformidad en lugar de trabajar para la singularidad.

Sin embargo, si aprendemos algo sobre Dios por medio de Juan, es que Dios no tiene ningún problema con los excéntricos espirituales. El propósito, sin embargo, no es que Dios nos haga mentalmente o emocionalmente desnivelados, sino que nos hace apasionadamente y espiritualmente desequilibrados. Dios nos guía en la dirección de su reino, su propósito y sus pasiones. Su deseo no es conformarnos, sino transformarnos. No es hacernos conformes, sino hacernos creativos. Su intención nunca es domesticarnos, sino liberarnos.

¿Es posible que Dios sea la causa de tal anormalidad? ¿Cuántos de nosotros realmente esperaríamos que la persona que llegó para preparar el camino para Cristo se presentara vistiendo pieles de animales, comiendo langostas y vagando por el desierto? Si viviera en la actualidad, estaría medicado y diagnosticado como bipolar. Sería otro lunático certificado. Y eso es precisamente lo que sucedería si la iglesia estuviera a cargo de su diagnóstico. La mayoría de nosotros pensaríamos que Juan no estaba en sus cabales.

Confrontados por Juan, tenemos que detenernos y hacernos la pregunta: "Si así es como se veía la persona que preparó el camino para Jesús, entonces ¿cómo debería verse un discípulo de Jesucristo que busca a Jesús? ¿Cómo es posible que, para muchos de nosotros, ser un buen cristiano no es en realidad nada distinto a ser una buena persona?".

Todo el enfoque de nuestra fe ha sido la eliminación del pecado, lo cual es importante, pero inadecuado, en lugar de ser la liberación de una fe única, original, extraordinaria, maravillosamente indómita.

No se nos puede pasar por alto que Juan se comportaba como un loco. Dios le hacía estar fuera de sus cabales. El camino al cual Dios lo llamó lo situó fuera de sincronía con el ritmo cultural. Pablo batalló con el mismo dilema. Él nos dijo que si su único interés fuera Dios, estaría loco. Pero por causa de nosotros, se mantendría en sus cabales.

## FE INDÓMITA

No puedes conocer al Creador del universo y seguir siendo igual. Si el Dios que es todopoderoso, omnisciente y omnipresente viene a habitar dentro de tu alma, al menos esperarías que hubiera alguna pequeña alteración. Creo que hay un problema cuando las personas hablan sobre tener un encuentro con Dios o conocer a Dios, y sin embargo no son cambiados por Dios. Cuando el Creador decide habitar en su creación, se produce una transformación. Si Jesús ha venido a habitar dentro de ti, ya no eres apto para una vida normal.

Tener al espíritu de Dios habitando en el corazón de alguien que escoge una fe domesticada es como tener a un tigre atrapado dentro de una jaula. Tú no has de ser un zoo espiritual donde las personas pueden ver a Dios en ti desde una distancia segura. Eres una jungla donde el Espíritu ruge con fuerza y está libre en tu vida. Eres el receptor del Dios que no puede ser domesticado y de una fe que no debe ser domesticada. Ya no eres un prisionero del tiempo y el espacio, sino un ciudadano del reino de Dios: un residente de la tribu del bárbaro. Dios no es un sedante que te mantiene calmado y bajo control, adormeciendo tus sentidos. Él hace precisamente lo contrario. Despierta tu espíritu para que esté verdaderamente vivo.

El año pasado, mi hija Mariah ha sido mi compañera de viaje en el camino del bárbaro. Ella disfruta plenamente en la identidad de ser una bárbara. Ella lo entiende: estás vivo más plenamente cuando estás en una aventura con Dios. Mariah ama vivir y vive para amar. Aunque yo amo la aventura y siempre parece que soy atraído al riesgo, toda mi vida he sido un accidente a la espera de suceder. Mariah heredó mi ADN. Si nos ponen juntos, algún tipo de equipo médico o de rescate generalmente está involucrado.

Nuestra familia estaba en Nueva Zelanda visitando a uno de nuestros mejores amigos: los Crawford. En una de nuestras expediciones íbamos en cuatriciclo por el terreno salvaje y hermoso de *El señor de los anillos*. Aunque tenía solamente once años en aquel momento, le dimos a Mariah su propio vehículo. Tengo que admitir que yo estaba bastante nervioso al verla conducir por caminos que tenían pendientes pronunciadas y pasaban por corrientes que se movían y subían y bajaban profundas colinas. Pero cuando llegamos al sendero de barro, las cosas se pusieron realmente emocionantes. Ir a toda velocidad por delante mientras te ves envuelto en barro es tanto como alguien bárbaro podría esperar. Era la versión bárbara de un baño de barro hasta que ella perdió el control, apretó el acelerador en lugar del freno, y se estrelló de cabeza contra el vehículo estacionado de su madre. La siguiente parada fue la sala de emergencias: un lugar vital para el bárbaro. Todo el mundo estaba bien.

Fue un poco embarazoso, ya que el día anterior habíamos tenido un incidente mientras íbamos en moto acuática por la costa de Wellington. Salí yo solo con la moto acuática para dar algunos paseos más locos y abiertos, solo para asegurarme de que todo iría bien. Entonces regresé a buscar a Mariah. Lo estábamos pasando de maravilla; con el viento soplando contra nuestros rostros, salpicando agua en todas direcciones, moviéndonos libremente a velocidad vertiginosa. Era muy emocionante; no era menos que una experiencia de adoración. Entonces terminamos con un motor estropeado, muerto, y nos dirigíamos sin poder evitarlo al Estrecho de Cook.

Esto es lo que sucedió. Un momento antes nos estábamos moviendo abiertamente hacia el estrecho, y entonces de repente sentí que Mariah se soltaba. Había tenido sus brazos abrazándome fuerte por la cintura, y en el momento en que se soltó la oí gritar: "¡Para!".

Sabiendo que estaba en peligro, apagué inmediatamente la moto acuática y me giré para asegurarla. "¿Qué pasa?".

El tono de Mariah dejaba claro que ella pensaba que era obvio: "Necesitaba apartarme el cabello de los ojos".

Yo había ahogado el motor por razones cosméticas. Supongo que fue aproximadamente una hora después cuando llegó la brigada de rescate de Wellington y nos salvó. ¿Mencioné que el agua estaba congelada? Como podrás imaginar, mientras estábamos a la deriva tuvimos mucho tiempo para charlar y reflexionar. Solo un poco irritado, intenté entender por qué era tan importante que se apartara el cabello de los ojos.

Era muy sencillo: ella no podía ver. ¿Y acaso no es ese el propósito de decidir vivir una aventura: mantener los ojos bien abiertos y empaparse en la belleza de la vida que te rodea? Mariah no iba a vivir la experiencia con sus ojos cerrados. Con ojos bien abiertos es exactamente como Dios nos creó para que vivamos nuestra vida, y eso es exactamente lo que Jesús ha venido a asegurar: que seamos despertados a la vida con los ojos bien abiertos mientras avanzamos a toda velocidad.

Cuando te unes a la tribu del bárbaro, comienzas a vivir tu vida con tus ojos y tu corazón totalmente abiertos. Cuando el Espíritu de Dios rodea tu alma, tu espíritu cobra vida y todo cambia para ti. Ya no eres la misma persona. Y a quienes no pueden ver lo invisible, a quienes se niegan a creer que existe el camino que tú escoges, la vida que vives, puede llevarles a la conclusión de que tú no eres simplemente diferente, sino que estás demente. A quienes simplemente existen, las personas que están plenamente vivas les parecen locas.

## UNA TRIBU UNIDA POR EL ESPÍRITU

Cuando yo tenía doce años hice mi primera visita a un psiquiatra. Tenía mucho quebrantamiento que tratar y un montón de basura que vencer. Y después de más de dos décadas de caminar con Cristo, me alegra decir que aunque Jesús puede sanarte maravillosamente, Él no tiene ninguna ambición de hacerte normal. Mientras más saludable estés, más libre eres para ser simplemente tú mismo. Mientras más arraigada esté tu identidad en el valor de Dios por ti, menos controlado y limitado estás por lo que otros piensen de ti. Si solo los tontos se enamoran y las personas que están enamoradas actúan como tontos, entonces quienes son cambiados por el amor de Dios realmente se vuelven unos tontos para Cristo.

Al leer las Escrituras encuentro un historial de personas a las que el Dios vivo volvió locas. Dios los llamaba continuamente a creer cosas que no podían ver, a llegar a ser alguien que no eran, a lograr hazañas que estaban claramente por encima de sus capacidades, y después les hacía rendir cuentas de eso. Ciertamente, eso sería enloquecedor. Sin embargo, sucedió lo mismo para todos los que aceptaron el llamado del bárbaro: se convirtieron en extranjeros diferentes.

Pedro lo expresó así: *"Pero ustedes son linaje escogido, real sacerdocio, nación santa, pueblo que pertenece a Dios, para que proclamen las obras maravillosas de aquel que los llamó de las tinieblas a su luz admirable. Ustedes antes ni siquiera eran pueblo, pero ahora son pueblo de Dios; antes no habían recibido misericordia, pero ahora ya la han recibido"* (1 Pedro 2:9-10).

Él pasó a describirnos como extranjeros y peregrinos en el mundo; todos nosotros diferentes, pero parte de la misma tribu; todos nosotros caminando en la misma dirección, pero en un único camino; todos nosotros llegando a ser lo que no podríamos ser sin Aquel que nos creó. Cuando los bárbaros viajan juntos, no marchan en fila india. No hay una conformidad forzada. No se requiere ni se espera de

ellos que sigan el mismo paso. Caminan juntos como individuos libres unidos, no por la estandarización, sino por el
espíritu.

## MÍSTICO Y MILAGROSO

Justo unos pocos meses después de convertirme en un seguidor de Jesucristo, me encontré de nuevo en la universidad, pero con una misión totalmente nueva. No sabía
mucho sobre el cristianismo, así que acudía a todo lo que
parecía estar relacionado con la fe. Fui a una misa católica,
a una iglesia bautista, a un grupo carismático, a un estudio
bíblico interdenominacional, y trabajé en un proyecto con
la Iglesia de Cristo. Llegué a cubrir casi todo el espectro de
la fe cristiana. Era como un buffet libre: todo lo que puedas
comer por 2,49 dólares. Ya sabes el tipo de menú universi-
tario del que hablo: alto consumo con baja calidad. No me
importaba cuán bueno fuera; solo quería tener todo lo que
pudiera.

En uno de esos grupos había llegado a conocer a una
joven que dirigía la alabanza. Yo estaba aprendiendo a tocar
la guitarra, así que ella me prestaba su guitarra durante la
semana. Un día, para mi sorpresa, Beth se acercó a mí y comenzó a compartir abiertamente sobre su vida antes de conocer a Cristo. Me explicó que solía vivir con un muchacho,

y que acababa de hablar con él y había decidido volver con él. Sus motivos para regresar a su vieja vida eran seguramente más complejos de lo que ella explicó, pero lo único que me dijo fue que ya no sentía a Dios. Su conclusión fue que Dios sencillamente no la amaba. A veces es más fácil creer en un amor que puedes tocar que en un amor que es real.

Cuando me contó que una parte de su vida anterior implicaba consumo de drogas, todo comenzó a tener más sentido. Dios no es una droga, y ciertamente Él sin duda no crea experiencias y emociones que nos hagan sentirnos mejor, sin que nos volvamos mejores. Tengo que decirte que me quedé muy asombrado. Ella parecía la perfecta muchacha de iglesia. Yo seguía aprendiendo que los cristianos pueden verse estupendamente por fuera, y ser un caos absoluto por dentro.

Cuando ella descargó todo eso sobre mí, yo no tenía idea de qué hacer. Era bastante nuevo en todo aquello, y sin duda no tenía formación como consejero. Cuando me dijo que no creía que Dios la amaba, yo simplemente supe que eso era incorrecto. Al mirar atrás entiendo que debería haberle señalado hacia la cruz. Después de todo, el sacrificio de Jesús es prueba de su amor. Simplemente no se me ocurrió entonces. Soy bastante más inteligente después de la crisis y bastante estúpido durante.

Por lo tanto, cuando Beth acusó a Dios de no amarla, yo me giré hacia ella y le aseguré que si había algo que Dios pudiera hacer para demostrarle su amor, Él lo haría. Ahora he aprendido a decir otras cosas, pero en ese entonces no supe qué otra cosa decir. Por alguna razón extraña, ella respondió de inmediato diciendo: "Bueno, entonces quiero que nieve".

Imagina estar en mi lugar en ese momento. Ni en un millón de años se me habría ocurrido que esa sería su respuesta. Yo no puedo hacer que nieve. Supongo que quise decir que Dios haría cualquier cosa que tuviera que hacer por medio de mí o de otra persona; algo "factible". Y a propósito, como hombres, creo que por eso es tan difícil comunicarnos con las mujeres. Un hombre habría pedido un descapotable, o que una "F" cambiara "milagrosamente" a una "A", o una cita con una porrista; algo razonable.

Lo que ella pidió me confundió totalmente, y lo que dije como respuesta me confundió aún más. De repente escuché una voz decir: "Dios va a hacer nevar para ti". Podrás imaginar mi sorpresa cuando me di cuenta de que esa voz era la mía. Supongo que puedo apelar a que estaba conmocionado. En cuanto me escuché a mí mismo decir eso, añadí: "En veinticuatro horas". Quería decir que a Él le tomaría más de veinticuatro horas. Lo dije al revés y terminé dándonos a Dios y a mí un límite de tiempo.

Ella se fue, celebrando que Dios iba a hacer nevar para ella porque la amaba. Yo me fui, sintiéndome traumatizado porque no era muy probable que eso sucediera.

Regresé a mi residencia estudiantil, bajé las persianas y apagué las luces, y me postré delante de Dios. ¿Has clamado alguna vez a Dios sincera y desesperadamente? No sé por qué yo dije lo que dije, pero puedo decirte que en aquel momento estaba totalmente convencido de que Dios me habló, y en cierto modo también habló por medio de mí. No intentaba ser presuntuoso; sin duda no intentaba afirmar que yo podía hacer un milagro. Fue como un hipo mental; la pérdida de oxígeno creó una respuesta espontánea. Pero era demasiado tarde. Era después del hecho, y lo único que podía hacer era suplicar a Dios que interviniera.

Sinceramente culpo a Dios del encuentro. Yo estaba bastante seguro de que Él me había impulsado a eso. Sobre esa base le pedí que interviniera, por favor. Pero también soy realista. Había una posibilidad real de que aquello no vino de Dios, y que fui solamente yo, y que Dios estuviera en el cielo gritando: "¿En qué estabas pensando?".

Obviamente no recuerdo todo lo que oré ese día, pero parte de mis palabras decían algo como: "Dios, no sé por qué dije eso. Realmente pensé que tú lo dijiste, pero si no eras tú, ¿podrías adoptar la idea y llevar a cabo este proyecto?". Estaba clamando a Dios, orando desesperadamente.

Había perdido la cordura, y me quedé dormido en medio de mi agotamiento. Pasaron varias horas antes de que mi compañero de cuarto, Mark, regresara y me despertó. Solo para que conste, creo que aquellas horas que estuve dormido cuentan como intercesión. Se trata de la intención.

Para mi sorpresa, las primeras palabras que salieron de su boca fueron: "¿Has mirado fuera?".

Lo primero que se me cruzó por la mente fue que de algún modo él lo sabía. Yo no tenía ni idea de que Beth se sintió libre para decir a cualquiera que la vio, que Dios iba a hacer nevar para ella porque la amaba. Yo no le dije que hiciera eso. Nunca se me ocurrió que ella no mantuviera en secreto mi locura. Ahora entiendo que yo estaba en déficit, ya que había leído solamente el Evangelio de Juan. Ojalá hubiera leído el Evangelio de Marcos. En Marcos, después de hacer un milagro por alguien, Jesús dijo: "Vete y no se lo cuentes a nadie". Tener ese conocimiento habría sido realmente útil. Podría haber reducido el nivel de potencial humillación y haber parecido espiritual al mismo tiempo.

No estaba seguro en absoluto de qué motivaba la pregunta de Mark. ¿Se estaba burlando de mí, o intentaba advertirme que sería mejor que me pusiera a trabajar si quería que aquello saliera bien? Con poca conversación entre nosotros, simplemente me levanté y me acerqué a la ventana. Recuerdo que di un profundo suspiro justo antes de subir las persianas. No sé lo que esperaba ver, pero vi nieve por todas partes. Era evidente que había comenzado a nevar casi inmediatamente después de comenzar mi conmovedora conversación con Dios.

Está claro que es aquí donde se supone que debo decirte que yo sabía todo el tiempo que nevaría, que nunca tuve ninguna duda, que nunca me preocupé. Pero sigo sin saber cómo sucedió. No estoy intentando explicarlo, tan solo intento compartir contigo esta historia tal como la experimenté. Nunca olvidaré el cálido sentimiento que tuve mientras corría por aquella nieve y encontré a esta joven jugando en el regalo que Dios envió para ella. Al menos aquel día Dios le hizo cambiar de idea. Fue el mismo día que Dios me volvió loco. Más adelante fui al seminario y aprendí que Dios ya no habla de esa manera. Esencialmente, me dijeron que Dios cambió lo místico y lo milagroso por lo doctrinal y ritual. Lo que el Espíritu hacía antes, ahora ha sido sustituido por programas, e incluso las Escrituras se convirtieron en prueba de que Dios había dejado de hablar.

Pero ¿qué había de hacer yo? Ya había experimentado a Dios tanto en lo místico como en lo milagroso. Dios ya me había convertido en un bárbaro. Me podrías poner un traje, pero por debajo siempre habría un salvaje. Cuando los fuegos primitivos han sido prendidos, luces fluorescentes no bastarán. Yo podría haber racionalizado todo lo que

LA TRIBU DE LOS BÁRBAROS

experimenté; el problema era que no fue una situación aislada. Quienes me llevaron a la fe no se tomaron el tiempo para civilizarme; me llevaron al camino del bárbaro y nunca intentaron hacer que yo fuera como ellos, solamente como Cristo. Me llevaron a la presencia del Dios vivo, y supe que su presencia me consumiría y me transformaría.

## PENSAMIENTO NUBLADO

En los versículos finales de Éxodo, ese viaje del bárbaro se describe de este modo:

*En ese instante la nube cubrió la Tienda de reunión, y la gloria del Señor llenó el santuario. Moisés no podía entrar en la Tienda de reunión porque la nube se había posado en ella y la gloria del Señor llenaba el santuario. Siempre que la nube se levantaba y se apartaba del santuario, los israelitas levantaban campamento y se ponían en marcha. Si la nube no se levantaba, ellos no se ponían en marcha. Durante todas las marchas de los israelitas, la nube del Señor reposaba sobre el santuario durante el día, pero durante la noche había fuego en la nube, a la vista de todo el pueblo de Israel* (Éxodo 40:34-38 NVI).

Los civilizados construyen albergues e invitan a Dios a quedarse con ellos; los bárbaros se mueven con Dios dondequiera que Él escoge ir. El cristiano civilizado tiene una rutina; el discípulo bárbaro tiene una misión. El creyente civilizado conoce la letra de la ley; el discípulo bárbaro vive el espíritu de la ley. El religiosamente civilizado ama la tradición: el espíritu del bárbaro ama los retos. Los civilizados están satisfechos con el ritual; los bárbaros viven y prosperan en lo místico. Para el discípulo civilizado, la religión proporciona estabilidad y certeza; para el bárbaro, una vida en Dios es una vida de riesgo y misterio.

Y quizá un poco de demencia. No hay modo alguno de escapar a lo que puede parecer que los bárbaros no están cuerdos. Ninguna persona razonable seguiría nunca a Dios totalmente a dondequiera que Él llame. Dios es sencillamente irrazonable.

Sin importar cómo intentemos tejer la historia, la Biblia está llena de tribus de personas irracionales. Cuando Noé construyó el arca, no vivía en una zona de inundaciones. Cuando Elías pidió que descendiera fuego del cielo, nunca antes lo había intentado. Adelante. Prueba. Comprueba si funciona para ti. Yo no lo creía. David debería haber dejado en paz al gigante. Oseas nunca debería haberse casado con una prostituta. ¿En qué estaba pensando Moisés cuando dirigió su vara al mar Rojo asumiendo que se movería porque él lo ordenara? Y eso solo por mencionar a los seguidores de Dios más populares y más admirados.

Aquellas personas no vivían vidas normales. Sus acciones eran ridículas e irracionales si sacamos a Dios de la fórmula. Con los consejos adecuados, ellos habrían sido más inteligentes en lugar de hacer lo que hicieron. La vitalidad de su vida en Dios los llevaba más allá de lo práctico de ser simplemente razonables. Sus vidas no tenían sentido, sus acciones desafiaban la sensatez, porque Dios los sacó de sus casillas. Cualquiera que se arriesgue a escuchar a Dios y seguir su voz sabe que para todo aquel que esté sordo a la voz de Él, sus acciones parecerán como las de un loco.

Yo solía servir en la Junta de Estudios Interculturales en la Universidad Biola, principalmente porque un amigo mío me preguntó si lo haría. Pero después de un tiempo me pregunté por qué dije que sí. Casi nunca asistí; aborrezco las reuniones. Prefiero estar al aire libre que en una sala de juntas. Normalmente preguntaba: "¿Me quieren en la mañana, en la tarde o en la noche?". No podía llegar a comprometerme el día completo.

Una tarde resultó que yo estaba allí cuando el departamento de consejería presentó con entusiasmo un plan para servir al personal misionero en todo el mundo. Iban a proporcionar acceso a consejería y salud mental a todos aquellos que trabajaran fuera del continente. Incluso mientras escuchaba, sabía que debía permanecer en silencio. No dejaba de decirme a mí mismo que tuviera la boca cerrada: *No digas nada; no causes ningún problema; no te dejes a ti mismo en ridículo.* Pero no pude contenerme.

Antes de que pudiera darme cuenta, estaba diciendo: "No lo hagan. Por favor, no lo hagan".

Todos me miraron con las expresiones más extrañas de confusión.

Bueno, era demasiado tarde para que me ocultara en el anonimato, así que supe que necesitaba explicarme. Continué: "No vayan por el mundo y dejen mentalmente sanos a nuestros misioneros. Lo arruinarán todo. Confundirán totalmente la causa. Me refiero a que, digamos que tenemos a un esposo y su esposa de Kentucky que tienen cuatro hijos, y ellos creen que Dios los ha llamado a una ciudad muy desconocida en Asia Central. De repente se encuentran en medio de dos millones de personas que no hablan una palabra de inglés, y ellos no hablan una palabra de mandarín, ni cantonés, ni cualquier otra forma de dialecto tribal. Y cada mañana se despiertan emocionados y confiados en que de algún modo van a llevar a toda esa ciudad a la fe en Jesucristo. Vayan y hagan que sean normales, y estarán en un avión de regreso a casa al día siguiente".

El miembro de la junta que hacía la presentación respondió amablemente: "Está claro que Erwin tiene un punto de vista distinto al nuestro de la consejería profesional".

Esas personas tienen que estar locas para hacer lo que hacen y tienen que estar fuera de sus cabales para creer que eso es posible, ¿no es así? No son unos dementes, pero están locos. Un día se levantaron y emprendieron el camino del bárbaro de salida de la civilización.

Si eres un seguidor de Cristo y te has permitido a ti mismo ser domesticado, has perdido el poder de quién eres y quien Dios quiere que seas. No fuiste creado para ser normal. El deseo de Dios para ti no es la docilidad y la conformidad. Has sido bautizado en Espíritu y fuego. Dormido en tu interior hay un bárbaro, un salvaje para todos los que aman lo estirado y adecuado. Debes ir al lugar primitivo y entrar en la presencia del Dios Altísimo, porque allí serás cambiado por su presencia. Permite que Él desate la fe salvaje en tu interior.

## ENSEÑADOS POR DIOS

En Pentecostés, Dios desató su Espíritu sobre todo aquel que declaraba a Jesús su esperanza. En ese momento nació una nueva tribu: una tribu del Espíritu. A todo aquel que crea en su Hijo, el Señor Dios declara: *"Yo seré su Dios, y ellos serán mi pueblo".* Esta tribu llevaría la evidencia de su Espíritu. Serían enseñados por Dios, movidos por Dios e inspirados por Dios.

Nuestro legado espiritual es que pertenecemos a esta tribu bárbara. Desde el primer ser humano hasta el presente, la historia de Dios es una historia de conversación y transformación. La Biblia está llena de historias de mujeres y hombres que oyeron hablar a Dios y actuaron como si escucharlo a Él fuera normal. Oír a Dios no es solamente ser normal, sino también es una prueba esencial de pertenencia a Dios. Ser enseñado por Dios es una de las principales evidencias de que has entrado en el nuevo pacto al que Jesús dio entrada. En Jeremías 31:33-34 (NVI) el Señor declara:

> *Este es el pacto que después de aquel tiempo haré con el pueblo de Israel —afirma el Señor—: Pondré mi ley en su mente, y la escribiré en su corazón. Yo seré su Dios, y ellos serán mi pueblo. Ya no tendrá nadie que enseñar a su prójimo, ni dirá nadie a su hermano: "¡Conoce al Señor!", porque todos, desde el más pequeño hasta el más grande, me conocerán.*

Estudiar la Biblia es importante, pero no es una evidencia principal de que perteneces a Dios. Cualquiera puede estudiar la Biblia, pero solo aquellos que lo conocen a Él pueden oír su voz y son enseñados por Él. Aunque el bárbaro puede que no tenga entrenamiento formal, siempre es enseñado por Dios. Jesús esperaba que quienes eran sus seguidores oirían su voz, conocerían su voz y seguirían solamente su voz, cuando Él nos llama por nombre y nos conduce por el camino del bárbaro.

## OÍR VOCES

Mi hijo Aaron tenía probablemente cinco o seis años cuando comenzó a preguntarme sobre la voz de Dios. Con frecuencia me oía hablar sobre tener conversaciones con Dios (la mayoría de nosotros llamamos a eso oración), y le picó la curiosidad. Además de eso, semana tras semana me oía enseñar y compartir experiencias místicas y milagrosas con Dios. Debería haber estado preparado para la pregunta, pero realmente me agarró fuera de guardia. Cuando él me preguntó: "¿Cómo suena la voz de Dios?", en realidad no sabía cómo responder. Supongo que cuando lo pienso, la voz de Dios suena muy parecida a mi voz. Después de todo, el Espíritu nos habla mediante la conciencia y también mediante las escrituras. Incluso cuando estoy leyendo la Biblia, la voz que oigo es la mía leyendo el texto. En mi experiencia, la voz de Dios es una experiencia íntima, pero no una voz audible. O al menos no es una voz que viene de fuera hacia dentro, sino una voz que viene de lo más profundo del interior.

No recuerdo muy bien lo que le dije. Hay que tener en mente que él tenía solo cinco o seis años. Creo que mi respuesta fue algo como: "Esa es una gran pregunta. Ahora vete a ver los dibujos animados".

Unos años después, tras muchas otras preguntas similares, Aaron se fue a su primer campamento de secundaria en Big Bear, a unas dos horas de Los Ángeles. En algún momento en mitad de la semana, uno de los otros pastores en Mosaic, cuya hija también estaba en el campamento, decidió ir conmigo para poder ver a nuestros hijos.

Yo esperaba encontrar a Aaron pasándolo muy bien, creciendo en el Señor y haciendo nuevas amistades. En cambio, se había metido en un profundo problema. Evidentemente, en su primer receso para el almuerzo participó en una pelea; pero no era realmente una pelea, sino cierto tipo de "pelea previa". Ya sabes, las cosas que hacen los muchachos antes de pelearse porque realmente no quieren pelearse.

Alguno de los muchachos dijo algo, y Aaron le respondió. La tensión escaló, las bofetadas empeoraron, y lo siguiente es que Aaron se lanzó sobre él y sus amigos lo sujetaron. Cuando yo llegué habían pasado dos días, y Aaron se negaba a pedir perdón. Y por si actuar con esa hostilidad no fuera lo bastante malo, tuvo que ser el clásico hijo de un predicador. En la típica forma masculina, tuvo que describir lo que iba a hacer a su antagonista antes de proceder a hacerlo. En pocas palabras, gritó: "Te voy a moler a trancazos" (por si te lo preguntas, ese no es un término descriptivo aceptable en nuestra casa). Yo iba para celebrar el peregrinaje espiritual de mi hijo, y me encontré en medio de una guerra declarada.

Sabía que el Señor ya estaba obrando porque cuando Aaron intentó asaltar al otro muchacho, sus amigos lo sujetaron. El otro muchacho era muy grande, y probablemente habría matado a Aaron. Ya teníamos algo por lo que estar agradecidos.

Cuando confronté a Aaron y le pregunté si la historia que me contaron era exacta, él dijo: "Absolutamente". No negó nada. Y tampoco lamentaba nada. Le dije que tenía que pedir perdón, y él me dijo que eso no iba a suceder. No lo lamentaba, volvería a hacerlo, y al pensarlo mejor sentía una sola cosa: no consiguió dar ni un solo puñetazo bueno antes de que lo apartaran.

Intentando entender qué podría haber enojado tanto a Aaron, le pedí que me dijera qué lo motivó a atacar a ese muchacho. Aaron dijo: "Papá, no me importa lo que digas. Él dijo algo sobre mamá. Cualquiera que diga algo sobre mi mamá va a tener que vérselas conmigo".

Podrás imaginar mi respuesta: "¿Dijo algo sobre tu mamá? ¿Qué dijo sobre tu mamá?". Tengo que admitir que estaba de su lado.

De todos modos, seguí insistiendo en que él tenía que arreglar las cosas. Él dijo que no lo haría y, de hecho, insistió en que le permitieran irse del campamento. Me recordó que yo le había dicho que nunca tenía que fingir ni jugar al juego de ser cristiano. Yo le dije que si eso era lo que quería hacer, podía irse. También le dije que sentía que eso era un error. Él insistió y me preguntó si le ayudaría a empacar. Yo le dije que no evitaría que se fuera, pero tampoco le ayudaría a irse. Por lo tanto, durante la hora siguiente recogió sus cosas, arrastró su equipaje por la colina, y lo metió en el auto.

Justo cuando estábamos a punto de irnos, le pedí que se sentara conmigo y habláramos una última vez antes de irnos. Nos sentamos en dos rocas grandes que había en mitad del bosque. Le hice una pregunta sencilla: "Aaron, ¿hay una voz dentro de ti que te está diciendo lo que deberías hacer?".

Él pausó y después respondió: "Sí".

"¿Qué te dice esa voz?".

"Que debería quedarme y solucionarlo".

"¿Puedes identificar esa voz?", le pregunté.

Él dijo inmediatamente: "Sí. Es Dios".

Fue el momento que yo había esperado, aunque no esperaba que se produjera bajo esas circunstancias. Sin embargo, estaba ahí. Me giré hacia Aaron y dije: "Aaron, ¿te das cuenta de lo que acaba de suceder? Oíste la voz del Dios vivo. Él te habló desde dentro de tu alma. Olvida todo lo demás que ha sucedido. Dios te ha hablado, y pudiste reconocer su voz".

Nunca olvidaré su respuesta: "Bueno, pero no haré lo que Él dijo".

Le expliqué que era su decisión, pero que sucedería lo siguiente. Si él rechazaba la voz de Dios y decidía desobedecer su guía, su corazón se endurecería, y sus oídos se volverían sordos. Y si continuaba por ese camino, llegaría un día en que nunca volvería a oír la voz de Dios. Llegaría un día en que negaría que Dios incluso habla o que le habló alguna vez a él. Pero si atesoraba la voz de Dios y respondía a Él con obediencia, entonces su corazón sería ablandado, y sus oídos siempre podrían oír el susurro de Dios en su alma.

Estoy agradecido por poder decir que Aaron decidió quedarse. Si hubiera decidido lo contrario, habría comenzado el camino hacia la domesticación. Quizá nunca habría rechazado la fe abiertamente, o incluso podría haber decidido ser un asistente fiel a una iglesia y ser, ante los ojos de los demás, un buen hombre, pero ya no sería un bárbaro.

## ENCONTRADO

Años después cuando Aaron tenía unos catorce años, vi eso con toda claridad. Íbamos viajando juntos en el auto y tuvimos una de esas charlas sinceras de corazón a corazón. "Papá, creo que si no me hubiera criado en un hogar cristiano, no sería cristiano", dijo.

Podrás imaginar la ráfaga de emociones que recorrió todo mi ser. Necesité todo el control que tenía para no sentir pánico y mantenerme tranquilo. "¿Por qué piensas eso?", pregunté, como si esa afirmación no tuviera un efecto emocional en mí.

Aaron continuó: "Tengo demasiadas dudas y preguntas".

"Ah", dije, pareciendo lo más aliviado posible. "Yo también las tengo. Entonces, ¿qué vas a hacer?".

Nunca olvidaré la respuesta de Aaron. Fue una de las confirmaciones más claras de que mi hijo no era un miembro reacio de una religión, y que también él era un verdadero bárbaro. "Bueno, he conocido a Dios. Por lo tanto, ¿qué se supone que has de hacer?".

"Es un dilema, ¿no?", dije yo.

Muchos de nosotros hemos puesto nuestra esperanza en enseñar a nuestros hijos acerca de Dios en lugar de guiarlos hacia una experiencia con Dios. Esencialmente civilizamos a nuestros hijos en lugar de guiarlos hacia el camino del bárbaro. Me preocupa que haya muchos que se han criado en la iglesia y han sido cristianizados eficazmente, pero que nunca han conocido a Cristo de manera genuina. En los tiempos de Jonathan Edwards, él se enfrentó al mismo dilema cuando la congregación de su época tenía un pacto a medias. Los hijos de los miembros eran esencialmente cristianos que nunca habían tenido un encuentro con Cristo. Su clásico mensaje, "Pecadores en las manos de un Dios enojado", estaba dirigido no a quienes no asistían a la iglesia, sino a la iglesia. Nuestra meta no debe ser llenar de personas la religión cristiana, sino llevar a las personas a una relación genuina con Dios. Debemos establecer una distinción clara entre la religión del cristianismo y la revolución que Jesús comenzó hace dos mil años.

## MOVIDO POR DIOS

Una segunda evidencia principal del espíritu del bárbaro se desata cuando entras en un pacto con Dios. No solo eres enseñado por Dios como discípulo del Dios vivo, sino que también eres movido por Dios. Dios nos informó que Él tiene una estrategia para restablecer su reputación entre las naciones:

*Por tanto, di a la casa de Israel: Así ha dicho Jehová
el Señor: No lo hago por vosotros, oh casa de Israel,
sino por causa de mi santo nombre, el cual profanasteis vosotros entre las naciones adonde habéis llegado.
Y santificaré mi grande nombre, profanado entre las
naciones, el cual profanasteis vosotros en medio de ellas;
y sabrán las naciones que yo soy Jehová, dice Jehová el
Señor, **cuando sea santificado en vosotros delante de
sus ojos** (Ezequiel 36:22-23, énfasis añadido).*

Dios hizo una declaración enfática de que Él demostra-
ría que es Dios y que Él es santo no mediante su acción, sino
mediante las acciones de su pueblo. Una fe civilizada se re-
laciona con lo bueno y lo malo como una obligación moral.
Una fe bárbara ama el bien y aborrece la maldad. No hay
ninguna obligación que impulse las acciones de su pueblo.
Ellos son apasionados acerca de las cosas que están en el
corazón de Dios. Su motivación no es externa, sino intrín-
seca; son movidos desde adentro hacia afuera. Hablando
otra vez de este nuevo pacto, Dios describió cómo será esta
transformación primordial:

*Os daré corazón nuevo, y pondré espíritu nuevo dentro
de vosotros; y quitaré de vuestra carne el corazón de
piedra, y os daré un corazón de carne. **Y pondré dentro de vosotros mi Espíritu, y haré que andéis** en mis*

*estatutos, y guardéis mis preceptos, y los pongáis por obra. Habitaréis en la tierra que di a vuestros padres, y vosotros me seréis por pueblo, y yo seré a vosotros por Dios.* (Ezequiel 36:26-28, énfasis añadido)

Desde el momento en que nos convertimos en ciudadanos del reino de Dios, nos volvemos extranjeros y peregrinos en un mundo que decide vivir lejos de Dios. Desde el primer paso dado para seguir a Jesús, estamos fuera de paso con el resto del mundo. Cuando tu vida está en sincronía con la historia de Dios, pasas a estar fuera de sincronía con cualquier historia que intente ignorar o eliminar a Dios. Eres un extraño para ellos, un extranjero entre ellos, un nómada que, aunque se niega a estar arraigado en esta vida, parece en cierto modo disfrutar más de esta vida.

Probablemente motivado por películas como *Men in Black* (Los hombres de negro), Aaron me preguntó una vez si realmente había extraterrestres entre nosotros. Yo le dije que desde luego que los había, y que teníamos que registrarnos ante el gobierno para conseguir una admisión pacífica. Un poco nervioso, me preguntó si estaba dando a entender que yo era un extraterrestre. Yo le dije que aunque había decidido que eso fuera confidencial en el pasado, era un buen momento para hacerle saber la verdad: yo era un extranjero en esta tierra. Él dijo: "Demuéstralo".

Saqué mi tarjeta verde que tenía mi fotografía y la declaración: "extranjero residente". Intenté calmarlo asegurándole que él seguía siendo mitad humano. Eso no pareció ayudar. Muy bien, solamente provengo de El Salvador. No es tan glamoroso como ser de Vulcano, pero de todos modos sigo siendo un extranjero. Es irónico que ahora toda nuestra familia es legítimamente extranjera. Nuestra ciudadanía está en la eternidad; la historia es nuestra residencia temporal. Tú no eres diferente. Cada uno de nosotros que oye el llamado barbárico de Cristo y decide seguir, se convertirá en un extranjero y quizá incluso un marginado en la época y el lugar en los que vivimos.

Juan el Bautista oyó la voz de Dios y se convirtió en un marginado entre aquellos ante quienes Dios guardaba silencio. Su vida fue breve, y si su muerte careció de algo, fue de dignidad. Sin embargo, él fue considerado grande ante los ojos de Dios. Señalando primero a él, Jesús entonces nos señaló a nosotros. Prometió que el más pequeño en el reino de los cielos sería mayor que incluso Juan. Jesús estaba pronunciando la llegada de una tribu. Donde había una, pronto habría millones.

Todo aquel que pertenece a la tribu de bárbaros es como Moisés, que se acercó hacia el fuego y oyó la voz de Dios. Para ellos, toda la tierra es terreno santo. No hacen separación entre sagrado y secular o entre la vida real y la vida espiritual. Toda la vida es sagrada; cada acción es espiritual. Dios está en todo lugar para ellos y en todas las cosas en todo momento.

## SEPULCRO DE AGUA

Un domingo en la mañana, una joven llamada Nicole y sus amigos me presentaron a Dathan. Dathan es uno de esos muchachos que destaca entre la multitud: constitución grande y fuerte como una roca, una gran sonrisa y una personalidad carismática. Dathan vive en Los Ángeles y está persiguiendo una carrera como actor; también está en el proceso de prepararse para las pruebas deportivas, esperando lograr llegar a ser defensa en la Liga de Fútbol Profesional (NFL). Al haberse criado en Philly, había escogido el camino del crimen y la violencia, de modo que fue extraño que mi primera conversación con él fuera sobre el temor.

Él acababa de convertirse en un seguidor de Jesucristo, y Nicole le había preguntado si estaba preparado para ser bautizado. Su pregunta provocó una respuesta inesperada. Él estaba aterrado; por lo tanto, lo llevaron hasta mí para que yo pudiera hablar con él de eso. Después de unas breves presentaciones, le pedí que me hablara de cuál era el problema, y él me explicó que tenía miedo al agua. El bautismo estaba planeado en la playa Dockweiler, y él no sentía que pudiera llevarlo a cabo.

Le pregunté si solo tenía miedo al océano o si había algo más, y él me explicó que tenía terror a los tiburones. Más adelante me enteré de que cuando tenía unos once años, estaba en el agua y vio a uno de sus amigos ser atacado por un tiburón. Fue testigo ocular de un evento horrible y trágico. Habían pasado muchos años, pero los recuerdos de esa ocasión seguían persiguiéndolo.

Le dije que había otras opciones. Podríamos bautizarlo en una piscina o incluso en un jacuzzi. Eso pareció aliviar un poco su preocupación, y comenzó a relajarse. Entonces añadí: "Pero eso sería en cierto modo ir por el camino fácil. No parece que tú seas el tipo de hombre que toma la salida fácil en nada". Seguí diciendo: "¿Cuál crees que es la probabilidad de que te coma un tiburón el día en que eres bautizado? Me refiero a que los porcentajes tienen que ser realmente bajos, quizá uno en un millón o tal vez uno en mil millones. De todos modos, realmente es muy improbable que fueras atacado por un tiburón si decidieras ser bautizado en el océano".

Él asintió con la cabeza, pero estaba claro que mis comentarios no ayudaron.

"Bueno, piénsalo de este modo", dije. "La probabilidad es tan baja de que fueras atacado por un tiburón, que sabrías que era la voluntad de Dios para tu vida si un tiburón te atacara." No sé por qué, pero esa idea no fue de mucho consuelo para él. Entonces añadí: "Pero si vives, si por ventura no te mata ningún tiburón y sobrevives a la experiencia, entonces sabrás sin duda que Dios ha guardado tu vida, que Él tiene un propósito para que lo cumplas". Concluí nuestra conversación diciendo: "Creo que la piscina o el jacuzzi estarían bien para otra persona, pero creo que para ti va a tener que ser el océano".

Lo dejé con una decisión que tomar. ¿Iba a escuchar el llamado del bárbaro, o decidiría inmediatamente ser domesticado?

No pasó mucho tiempo hasta que Dathan me informó que se dirigía a la playa. Tenía una cita con el destino. Para facilitar su experiencia, pedí a algunos de mis amigos que lo llevaran a una reserva de tiburones para que pudiera pasar algún tiempo con sus amigos. El día de su bautismo había fuertes olas y las aguas estaban revueltas. Un hombre caminaba a cada lado de él mientras que él se adentraba más profundamente en el océano. Una ola lo golpeó en la cabeza y derribó al agua a los otros dos hombres, pero Dathan, decidido a no sumergirse hasta que tuviera que hacerlo, agarró a ambos y los ayudó a levantarse.

Después de ser sumergido en el océano y llegar hasta la playa, se lanzó a la arena y lloró. Después le pregunté qué le había abrumado, y dijo que no fue el temor; fue el conocimiento de que Dios tenía un propósito para su vida.

Ahora bien, podrías estar pensando que esto es un poco excesivo o incluso emocionalmente abusivo, pero si he aprendido algo con los años es que es un grave error intentar domesticar a un bárbaro. Vivimos en un mundo de bárbaros errantes que no conocen a Dios. No tienen interés alguno en la religión civilizada ni tampoco tiempo para los juegos de los correctos y refinados. Dathan había actuado según la peor de sus pasiones, y nada excepto una nueva pasión lo haría libre. Dathan necesitaba entender que era una decisión de vida o muerte.

No debería sorprendernos que Pablo describiera el bautismo como un sepulcro de agua. Escogió esta imagen para describir este pasaje sagrado: "*¿O no sabéis que todos los que hemos sido bautizados en Cristo Jesús, hemos sido bautizados en su muerte? Porque somos sepultados juntamente con él para muerte por el bautismo, a fin de que como Cristo resucitó de los muertos por la gloria del Padre, así también nosotros andemos en vida nueva*" (Romanos 6:3-4).

Solo unos pocos meses después de su bautismo, Dathan consiguió un papel en una película que reunía a un reparto potencial de Ed Norton, Nicolas Cage y Taye Diggs. El suyo, desde luego, era un papel más pequeño, pero en medio de eso tuvo que tomar una decisión importante.

Le ofrecieron una escena que sería normal en la industria, pero que ahora estaba por debajo de sus normas. Habría sido fácil para Dathan justificar el hecho de que así es el camino de los civilizados, pero decidió seguir su llamado del bárbaro. Rechazó una escena que podría haber ayudado a establecer su carrera, y en cambio decidió establecer su carácter. Su decisión no se trató de legalismo; él fue movido desde dentro hacia fuera para hacer lo que agradaría a Dios y daría honra a su nombre. Y como Dathan, todos nosotros, si queremos seguir a Jesús con la pasión que Él desea y se merece, debemos enfrentarnos a los tiburones y nunca someternos a ellos.

Todos somos llamados a pasar por el sepulcro de agua. Sí, el camino hacia la tribu de Dios es bárbaro. Nos unimos con la muerte de Cristo, somos sepultados con Él, y resucitados para volver a vivir. El bárbaro ha gustado la muerte, se ha enfrentado a la muerte y ha conquistado la muerte. ¿A qué tienes temor cuando ya has muerto y te has alejado? Tus mayores temores quedan a tus espaldas, y ahora vas al lugar donde solamente pueden ir quienes ya están muertos y sin embargo viven. Es aquí donde nace la tercera expresión primitiva del espíritu del bárbaro en cada seguidor de Cristo. El camino del bárbaro es un camino donde somos enseñados por Dios y movidos por Dios, pero también somos inspirados por Dios.

## INSPIRADOS POR DIOS

El profeta Joel describió el efecto conversor del espíritu bárbaro encendido por el nuevo pacto:

> *Y después de esto derramaré mi Espíritu sobre toda carne, y profetizarán vuestros hijos y vuestras hijas; vuestros ancianos soñarán sueños, y vuestros jóvenes verán visiones. Y también sobre los siervos y sobre las siervas derramaré mi Espíritu en aquellos días* (Joel 2:28-29).

El fin supremo de Dios para nuestra transformación es desatar la fe indómita en el interior. Cuando su Espíritu es derramado en nuestras vidas, somos inspirados a un nivel de vida extraordinario. Los bárbaros nunca existen simplemente para sobrevivir. Los bárbaros nunca se limitan a pasar el día. Los bárbaros quieren vivir, y vivir la vida totalmente despiertos. Ser llenos del Espíritu de Dios es ser llenos de sueños y visiones que son demasiado atractivos para ignorarlos. Vivan o mueran, tengan éxito o fracasen, los bárbaros deben perseguir e intentar tales sueños y visiones. El espíritu del bárbaro sueña grandes sueños y encuentra la valentía para vivirlos.

El llamado del bárbaro nos confronta con todo lo que amamos y todo lo que tememos. Resistimos el amor para evitar el dolor, y apagamos nuestros sueños por temor al fracaso. Para que el Espíritu de Dios desate sueños y visiones en nuestra alma, debemos ser libres para arriesgarnos y fallar. Cada sueño nacido de Dios es impulsado por el amor. Cada conversación que hemos de tener con Dios reta los límites de nuestra imaginación. Cuando acudimos a Dios, su amor nos transforma y prende una nueva pasión en nuestro interior. Todo lo que hemos amado es consumido por las pasiones de un corazón nuevo. Descubrimos el poder y la fuerza del amor en su forma más pura. Al mismo tiempo, cuando dirigimos nuestros corazones hacia Dios, todos nuestros temores son consumidos por un solo temor. Somos llamados a temer solamente a Dios, y hay una razón importante para eso. Lo que tememos es a lo que estamos sujetos; nuestros temores definen quién es nuestro amo. Donde no hay temor, no hay control.

Cuando tememos a Dios, y solamente a Dios, ya no estamos atados por todos los otros temores que nos mantenían esclavos. El temor a la muerte, el temor al fracaso, el temor al rechazo, el temor a la insignificancia: todos los temores que nos conocen por nuestro nombre y nos persiguen en la oscuridad de la noche se quedan sin poder alguno cuando conocemos el temor del Señor. Y por si esto no fuera suficiente, descubrimos que el perfecto amor echa fuera todo temor. Ni siquiera Dios nos sostendrá ni nos controlará mediante el temor. Cuando lo tememos a Él, en esencia comenzamos a vivir una vida en la que somos valientes.

La libertad para amar y la libertad del temor hacen que el bárbaro sea una especie totalmente diferente dentro del conjunto de la humanidad. Puede que esta sea la marca más extraordinaria del Espíritu de Dios en el corazón de la humanidad: la libertad para vivir sueños mayores que nosotros mismos. Sin embargo, si somos sinceros con nosotros mismos, la iglesia sería el último lugar a donde iría la mayoría de las personas para que sus sueños fueran alimentados, desarrollados y desatados.

## FESTIVAL DE VIDA

Una de las grandes alegrías que he tenido el privilegio de experimentar como resultado de escribir *Chasing Daylight* (Perseguir la luz del día) ha sido recibir las historias de personas de todo el mundo que han decidido redirigir sus vidas para perseguir los sueños que habían permanecido latentes en su interior. Como pastor principal de Mosaic, considero eso una medida esencial de salud espiritual y vitalidad. Cuando la iglesia se convierte en una institución, las personas no son nada más que voluntarios a ser reclutados. Cuando la iglesia es un movimiento, nuestra administración se convierte en desatar los dones, talentos y pasiones que Dios nos ha dado. Mi meta no es lanzar una visión que todo el mundo acepte, sino crear una comunidad de visión en la que todo aquel que entra comience a tener sueños y visiones bárbaros y del tamaño de Dios. Hay un precio que pagar, desde luego, cuando escogemos este camino en particular; terminamos con una tribu indomable de bárbaros. Ellos siguen siendo llamados por Dios a hacer cosas que uno no esperaba o realmente no quería que hicieran.

De nuestra comunidad en Los Ángeles tenemos trabajadores sociales en Nueva Delhi; artistas en Estambul; un aspirante a chef en París; una bailarina, un editor de películas, un futuro médico, y un diseñador de moda en Nueva York; personas de negocios en China; un psicólogo y educador en Lituania; un ingeniero medioambiental en Marruecos; y la lista continúa y continúa. No puedo enfatizar en exceso cuán difícil es sustituir a esas personas. Sin embargo, a pesar de toda la complejidad que todo eso produce y la inestabilidad que crea, palidece en comparación con observar vidas que son desperdiciadas en carreras y ocupaciones que se emprendieron como resultado de la obligación o de falta de valentía para perseguir los sueños que estaban a la espera de cumplirse.

Mientras que el hombre moderno sigue esperando a que evolucionemos y nos convirtamos en algo que será piadoso, el camino del bárbaro destapa que nuestro mejor futuro se encuentra en nuestros inicios primitivos. La evolución no es la clave para la libertad de la humanidad; lo es la transformación. Existe una metamorfosis a la espera de suceder en el interior de cada uno de nosotros. Una parte de esta metamorfosis es descubrir tu destino divino y saber por primera vez quién fuiste creado para llegar a ser. Cuando el Espíritu de Dios viene a vivir en tu interior, extrañamente llegas a ser consciente de tu ineptitud y tu extraordinario potencial. Cuando escoges el camino de una religión civilizada, cualquier cambio que valga la pena observar es de incremento en el mejor de los casos. Solamente cuando escoges el camino del bárbaro, el resultado es revolucionario.

Recientemente oí un viejo proverbio celta que dice que nunca se debería dar una espada a un hombre que no sabe bailar. Eso no podría ser más cierto que en el camino del bárbaro. Cada guerrero místico encuentra su fuerza en su gozo interior. Esto es lo que declaró Nehemías cuando llamó al pueblo de Dios a levantarse y enfrentar su inminente desafío: *"Id, comed grosuras, y bebed vino dulce, y enviad porciones a los que no tienen nada preparado; porque día santo es a nuestro Señor; no os entristezcáis, porque el gozo de Jehová es vuestra fuerza"* (Nehemías 8:10).

Ahora te has unido a una tribu de soñadores y visionarios, y eso no ocupa una parte pequeña del motivo por el cual te apasiona llevar a otros a esta comunidad de fe, esperanza y amor. Has descubierto mediante la liberación de tu alma que cada bárbaro anda por un camino que desata una fe cruda e indómita.

# 4

# LA REVUELTA
# DE LOS
# BÁRBAROS

*Desde los días de Juan el Bautista hasta ahora, el reino de los cielos sufre violencia, y los violentos lo arrebatan* (Mateo 11:12).

No hace mucho, Aaron me preguntó: "Papá, ¿nos pondrías en peligro a propósito?".

"Sí", respondí, "desde luego".

Sin un solo parpadeo, su respuesta fue simplemente: "Eso es lo que pensaba. Solo me estaba asegurando". Yo podía saber que él estaba uniendo todas las piezas de sus viajes más recientes. En retrospectiva, podía ver con mayor claridad la realidad del peligro y la volatilidad de aquello en lo que él había estado en medio.

Me pregunto cuántos de nosotros realmente hemos tenido esta conversación con Dios: "Abba, Padre, Papá, ¿me pondrías en peligro a propósito?". Creo que muchos de nosotros no le hemos hecho a Dios esa pregunta porque nos adelantamos y la respondimos por Él. Desde luego que Él no haría eso. Somos sus hijos. Somos familia. Él no nos pondría en peligro adrede, ni siquiera para lograr un propósito más elevado o más noble. ¿O acaso lo haría? Quizá deberías detenerte y preguntárselo. Su respuesta podría sorprenderte. Sin duda alguna, sorprendió a Juan el Bautista.

Está teniendo lugar una revuelta de bárbaros, y su centro de mando es el reino de Dios. En todo lugar donde el reino de Dios avanza, hay una participación violenta contra un reino de oscuridad. Ser nacido de Dios es ser hecho ciudadano en el reino de Dios, y el reino de Dios está en guerra. No confundamos este reino con el paraíso. La salvación no es volver a entrar en el paraíso perdido; es alistarnos en la misión de Dios.

Jesús nos dice con términos nada inciertos que se está librando una batalla. Quizá sea esta la razón más importante por la cual debemos escoger el camino del bárbaro y resistir cualquier tentación a volvernos civilizados. Los cristianos domesticados están demasiado dispuestos a abdicar la batalla por el alma del mundo. La civilización enfoca nuestra energía en todos los lugares equivocados. Pasamos

nuestra vida haciendo énfasis en nuestro desarrollo personal y nuestro bienestar espiritual. Construimos iglesias que
no llegan a ser otra cosa sino escondites para los fieles, a la
vez que fingimos que nuestras acciones son para el bien del
mundo. O escogemos vehículos políticos y seculares para
intentar avanzar nuestros valores culturales, intentando
extrañamente hacer que personas incrédulas se comporten
como creyentes civilizados.

Como contraste, Jesús nos llama a un camino diferente.
Nos dice que esto es una batalla de reinos. Insiste en que
si somos sus seguidores, no debemos vivir en un mundo
definido solamente por lo material. No podemos limitar
nuestra vista a lo que es carne y sangre; deberíamos ser más
inteligentes. Ver desde una perspectiva del reino es saber
que existe un conflicto de reinos invisibles, y que las vidas
de las personas son cambiadas para siempre por lo que sucede en el ámbito invisible. Somos llamados a ser guerreros
de luz en lugares oscuros. Somos guerreros místicos que
utilizamos armas que no son de este mundo.

## UNA INSURRECCIÓN DIVINA

Durante siglos, las naciones que se han considerado civilizadas han escogido armas que producen dolor y destrucción sobre los débiles e inocentes. Los romanos, tomando

prestada la frase de los griegos, describieron como *bárbaros* a todos aquellos que no eran de Roma. Y ciertamente, los romanos son ejemplo de las grandes virtudes de la civilización. Desde la violencia hasta la decadencia, podían justificar las acciones más crueles contra todo aquel que no era parte de ellos, ya que los "otros" estaban por debajo de ellos.

Es apropiado que los primeros cristianos fueran bárbaros para Roma. La historia nos dice que llegó un día en que los mismos bárbaros trastornaron Roma. Trágicamente, no pasó mucho tiempo hasta que Roma sedujo y civilizó a la iglesia primitiva. La iglesia, de hecho, se volvió romana; la iglesia se volvió civilizada. Y poco después, la misma violencia y decadencia definieron a la fe cristiana en lugar de oponerse a ella. Nos pusimos mantos, construimos catedrales, acumulamos riqueza y poder, y entonces perdimos nuestro camino del bárbaro.

Encontramos al judaísmo en la misma condición trágica durante los tiempos de Jesús. Realmente, es un escenario increíblemente extraño que observar. Dado que Jesús mismo es el Dios de Israel, debería resultarnos extraordinario que Él no fuera bienvenido allí. Pero tampoco a Jesús le gustaba ese lugar. Uno de los momentos más violentos de Jesús tuvo lugar en el templo. Él se enojó por lo que veía. Estaba tan enfurecido por el modo en que el judaísmo se había convertido en un negocio religioso de venta, que comenzó a destruir toda la mercancía de los vendedores.

Es importante destacar que Jesús no estaba en contra del negocio. Su enojo no fue una respuesta a que las personas vendieran algo de valor o proporcionaran un servicio significativo. Su enojo surgió porque los vendedores de bienes habían convertido en un negocio el acceso a Dios. Habían hecho que el perdón fuera algo que se podía comprar. Habían convertido la culpabilidad y la vergüenza de otros en el mercado para su beneficio. Habían convertido la casa de Dios en una cueva de ladrones. Se habían vuelto tan buenos en la religión que no tenían ninguna necesidad de Dios. Estaban tan llenos de sí mismos que no tenían espacio para Dios. En lo más fundamental, amaban su religión civilizada mucho más de lo que deseaban conocer al Dios que los creó. Atesoraban la civilización construida en torno a su religión y despreciaban la fe primitiva de la cual nació. Preferían tener el templo que la Presencia.

Por lo tanto, Jesús se lo permitió, lo cual plantea la pregunta: ¿qué bien causa una casa de Dios si Dios decide ya no vivir allí? Hablando de su propio cuerpo, Jesús los retó a destruir el templo, y Dios lo levantaría después de tres días. Ellos creyeron que se refería a la obra de arte construida por manos de hombres. Ni por un momento podían imaginar que Dios escogería un recipiente tan bárbaro como carne y sangre. No debería sorprendernos que poco después de que ellos destruyeron el Templo de Dios, Dios destruyó su templo.

Puede que no haya un lugar más claro donde veamos la división entre lo civilizado y lo bárbaro. Descubrimos la dolorosa realidad de que incluso el pueblo de Dios, cuando nos volvemos civilizados, estamos más que dispuestos a crucificar a Dios. Cuando escogemos una fe civilizada, Dios se convierte como mínimo en una molestia, y en el peor de los casos en un enemigo para nuestra fe. Descubrimos en Jesús que la hostilidad de Dios se dirige hacia la religión vacía, y la misericordia de Dios se dirige hacia el marginado y el pecador. El camino que Jesús llamó a las multitudes a escoger era demasiado bárbaro para quienes ocupaban las posiciones de liderazgo religioso. La afirmación de que Él debía convertirse en el Cordero sacrificial que quitaría los pecados del mundo era un insulto para su sentido de piedad y fariseísmo.

Pero quizá lo más insultante que dijo o hizo Jesús fue hacerse amigo de pecadores. Enfocó su ministerio en mujeres y hombres que eran despreciados por quienes tenían autoridad espiritual. El sendero que Dios escogió para sí mismo era demasiado común para sus sensibilidades. Ellos no podían imaginar que Dios decidiera ese tipo de vida para sí mismo. Dios estaría por encima de tales cosas. Dios era demasiado civilizado para escoger ese barbarismo.

Lucas describió este conflicto entre Jesús y los líderes religiosos de su época cuando siguió la conversión de Leví:

*Después de estas cosas salió, y vio a un publicano llamado Leví, sentado al banco de los tributos públicos, y le dijo: Sígueme. Y dejándolo todo, se levantó y le siguió. Y Leví le hizo gran banquete en su casa; y había mucha compañía de publicanos y de otros que estaban a la mesa con ellos. Y los escribas y los fariseos murmuraban contra los discípulos, diciendo: ¿Por qué coméis y bebéis con publicanos y pecadores? Respondiendo Jesús, les dijo: Los que están sanos no tienen necesidad de médico, sino los enfermos. No he venido a llamar a justos, sino a pecadores al arrepentimiento (Lucas 5:27-32).*

## AMOR INDÓMITO

Hace dos mil años Dios inició una revuelta que Él comenzó contra la religión. Por lo tanto, no dejes fuera de Dios el que cause un movimiento de fondo contra iglesias e instituciones cristianas que llevan su nombre. Si Él estuvo dispuesto a trastornar totalmente el judaísmo, no creas ni por un momento que nuestras instituciones están a salvo de una revuelta divina. Estoy convencido de que incluso ahora hay multitudes de seguidores de Jesucristo que están hartos de que la iglesia esté jugando y restando importancia al llamado de Dios. Mis viajes solamente confirman que los murmullos de revolución están por todas partes. Estoy convencido de que hay un levantamiento en curso y que nada menos que Dios está detrás.

Cualquiera que pueda imaginar a Jesús como el gran Abogado de la tradición está haciendo una grave manipulación de la historia bíblica. Jesús fue todo menos el niño bueno del "status quo". Con una banda de hermanos y una pequeña comunidad de otras personas, Jesús instigó un levantamiento que Él esperaba que llegara hasta los confines de la tierra. No debemos olvidar nunca que fue solamente a un puñado de individuos a quienes Jesús confió una tarea que haría discípulos a todas las naciones de la tierra. El levantamiento era trascender cultura, etnia, raza, religión, estatus... toda y cualquier división establecida por hombres.

El propósito impulsor de esta revuelta del bárbaro es liberar a cada persona que desee encontrar libertad en Dios. Como bárbaros que destruyen civilización, ellos deben eliminar cada obstáculo innecesario entre Dios y el hombre. Que nadie permanezca cautivo de las malvadas argucias de los religiosos que intentan chantajear con Dios. Que nada evite ni obstaculice que muestres misericordia y perdón a quienes viven bajo el peso de la culpabilidad y la vergüenza. ¿Quién podría haber pensado que un mensaje de amor pudiera incitar tanta hostilidad?

A los bárbaros se les confía el evangelio, no un mensaje de juicio y condenación, sino de buenas nuevas de parte de Dios para la humanidad. Sin embargo, oposición y persecución llegaron con una fuerza que no podía esperarse o ni siquiera imaginarse. Es irónico que Jesús fue crucificado no a pesar de su amor, sino por causa de él. En cierto modo, el amor incita amor y odio con la misma fuerza. La misión de Cristo sería muy fácil de aceptar y llevar a cabo si el amor siempre diera como resultado amor, pero no es así. Parece que el mundo insiste en que el amor sea demostrado. Por lo tanto, se requiere a quienes afirman amor que soporten las pruebas más brutales del odio. Siempre que el amor de Cristo era difundido por sus discípulos, enfrentaban rechazo, persecución, sufrimiento e incluso la muerte.

Cualquiera que escoja el camino del bárbaro aprenderá rápidamente que amor y sacrificio no pueden separarse. Quizá esa es la razón por la cual muchos de nosotros que conocemos el amor, tenemos temor al amor. Sabemos que amor no es la ausencia de dolor. Si es algo, el amor es la promesa de dolor. Nadie ha amado más profundamente que Dios. ¿Ha sido alguien más traicionado alguna vez? Dios no conocería el sufrimiento si no conociera el amor. Pero porque Él es Amor, escogió sufrir por nosotros. Sin amor, no hay gloria en el sufrimiento.

El sufrimiento de Cristo glorifica a Dios porque eleva el amor. Impulsado por amor, Dios fue donde Él sabía que el sufrimiento estaba asegurado. El amor siempre se mueve hacia el sacrificio, que es exactamente donde Él nos llama a ir. No debería sorprendernos, entonces, que seguir a Cristo sea abandonar el lujo de la seguridad. Si queremos ser como Él, siempre debemos arriesgarnos por amor. Se nos invita a seguirlo a Él con abandono imprudente. El llamado de Dios es más que un salto de fe; es una vida de fe. Incluso cuando parece estar por encima de nuestras capacidades, no deberíamos sorprendernos cuando Dios nos llama a saltar.

## ESCUELA DE SALTO

Durante varios años rentamos una casa de dos pisos en Los Ángeles. Mis hijos habían pasado una buena parte de su niñez disfrutando de esa casa. Una característica única de la casa era que una pequeña ventana del baño del segundo piso abría un camino hasta el tejado. Yo siempre pensé que llegaría un día en que uno de mis hijos se subiría al lavabo y se abriría camino hasta salir por la ventana. Parecía ser una de esas cosas que mi hermano Alex o yo habríamos hecho cuando éramos niños.

Una tarde, Kim y yo estábamos en el patio frontal cuando, de repente, oímos una vocecita que nos llamaba desde el tejado. En cuanto Kim lo vio, su instinto maternal intervino y comenzó a demandarle que volviera dentro. Tengo que admitir que en ese entonces estuve un poco orgulloso de él, pero lo que él hizo después me sorprendió totalmente.

Apartando la vista de su mamá, me preguntó si podía saltar. Cuando Aaron gritó: "Papá, ¿puedo saltar?", Kim respondió por mí: "No, no puedes saltar. Vuelve dentro".

Como si él no hubiera oído nada, volvió a preguntarme: "Papá, ¿puedo saltar?".

Ahora sé lo que tenía que hacer. Un papá nunca debe contradecir a la mamá (estoy trabajando en ello). Solo te diré lo que sucedió realmente. Después de todo, el niño me preguntó a mí. Yo respondí: "Sí, adelante".

Él dijo: "¿De veras?".

Kim me miró como si yo hubiera perdido el juicio, y preguntó: "¿Qué crees que estás haciendo?".

Con cierto tono de explicación, pregunté a Aaron: "Aaron, ¿vas a saltar?".

Él dijo: "Sí, creo que sí".

"Muy bien", le dije. "Prefiero que saltes ahora para que si saltas y te rompes las piernas, podamos llevarte al hospital". Para mí tenía todo el sentido.

Él respondió: "Papá, ¿crees que lo lograré?".

Yo dije: "Ah, sí, lo lograrás". Si sabía una cosa con seguridad, era que él llegaría al suelo, aunque no estaba seguro de en qué condición sería.

Él dijo: "Bien. Voy a saltar".

Yo tenía una sugerencia antes del despegue, y dije: "Oye, amigo, intenta evitar el cemento y caer sobre el pasto. Es más blando".

Él pensó que esa era una buena idea, se retiró lo más lejos que pudo sobre el tejado, y comenzó a correr para saltar. Justo antes de su primer paso, gritó: "Papá, agárrame", y yo dije: "Lo intentaré".

Y saltó.

Casi lo agarré. Estuve muy cerca. Él pasó por entre mis manos. Creo que sí ralenticé un poco su caída. En cualquier caso, él se ha recuperado bien desde entonces. ¡Estoy bromeando, no le pasó nada! (No intentes hacer esto en tu casa).

## FUEGO INCONTROLADO

Sé que no es muy probable que me invites alguna vez a hablar en una conferencia para padres, pero quédate conmigo por un momento. Desde la parte de la educación de los hijos, he visto a demasiados niños y niñas ser criados en hogares cristianos que son indiferentes a Cristo y con frecuencia sienten un gran desdén por la iglesia. A veces es el resultado de una hipocresía descarada, pero otras veces es el resultado de nada menos que pura monotonía y aburrimiento. Educamos a nuestros hijos amparados en una fe domesticada, y nos preguntamos por qué huyen tan lejos como puedan para encontrar aventura.

Hace mucho tiempo decidí que nunca permitiría que eso les sucediera a mis hijos. Yo soy cristiano de primera generación, pero con los años he visto los peligros que llegan al ser hijos de la segunda generación y posteriores. Los creyentes de primera generación, incluso cuando son bárbaros, a menudo cometen el error de criar a sus hijos para que sean civilizados.

Pablo abordó ese punto en una carta a Timoteo:

*Trayendo a la memoria la fe no fingida que hay en ti, la cual habitó primero en tu abuela Loida, y en tu madre Eunice, y estoy seguro que en ti también. Por lo cual te aconsejo que avives el fuego del don de Dios que está en ti por la imposición de mis manos. Porque no nos ha dado Dios espíritu de cobardía, sino de poder, de amor y de dominio propio. Por tanto, no te avergüences de dar testimonio de nuestro Señor, ni de mí, preso suyo, sino participa de las aflicciones por el evangelio según el poder de Dios, quien nos salvó y llamó con llamamiento santo, no conforme a nuestras obras, sino según el propósito suyo y la gracia que nos fue dada en Cristo Jesús* (2 Timoteo 1:5-9).

Pablo alentó a Timoteo varias veces a que se identificara con Cristo y no se avergonzara de hacer eso. Relacionado con su ánimo, llamó a Timoteo a no retraerse debido al sufrimiento que pudiera enfrentar. Si lees detalladamente su carta, es el ruego de un bárbaro que está perdiendo a su hijo en la fe al dirigirse al camino del civilizado. Pablo llamó a Timoteo a reavivar el fuego que permanecía latente en su interior. Pablo estaba persuadido de que Timoteo tenía una fe genuina, pero estaba igualmente convencido de que la vida que Timoteo estaba viviendo no reflejaba una vida que estaba viva en el Espíritu. El problema de Timoteo no era el pecado declarado, sino la fe latente. Pablo llamaba a Timoteo a escoger el camino del bárbaro de salida de la civilización.

Precisamente ayer un esposo y su esposa me dijeron que criaron a su primer hijo para que fuera un caballero, y ahora que es un hombre no camina con Cristo. Siguieron diciendo: "Tenemos un segundo hijo, y vamos a criarlo como un bárbaro". Ellos entendieron de primera mano la dolorosa diferencia entre un cristiano civilizado y el camino bárbaro de Jesús.

¿Cuántas historias necesitamos de hijos e hijas que crecen en la iglesia y son forzados a actuar como cristianos en lugar de ser ganados para el corazón de Dios? Ambos son un esfuerzo para moldear el carácter de nuestros hijos. El primero es una fuerza externa; el segundo es una fuerza interna. El cristiano civilizado hace lo correcto por temor; el bárbaro hace lo correcto por amor. La civilización cristiana se mantiene unida por reglas y rituales; la revuelta del bárbaro es impulsada por la pasión de Dios y guiada por la misión de Dios. Si nuestros hijos van a alejarse de Cristo, necesitamos educarlos de tal modo que entiendan que alejarse de Jesús es alejarse de una vida de fe, riesgo y aventura, y escoger una vida que es aburrida, trivial y ordinaria.

Para Aaron, el salto se fraguó con peligro. Desde mi punto de vista privilegiado yo podía ver, aunque el salto era aterrador, que él se sentiría triunfante. Era importante que él saltara, y quizá más importante que me conociera como el tipo de padre que siempre lo llamaría a mayores empresas en lugar de enviarlo de regreso al lugar seguro.

## ESTAR SOLOS

Creo que Dios es así también. Por demasiado tiempo hemos estado diciendo a los seguidores de Jesús que vuelvan adentro por la ventana. Nuestro mensaje es que "Dios quiere mantenerte a salvo". Ni siquiera podemos ver la importancia de reunir la valentía para saltar. Pero ¿y si nuestra casa se incendiara? ¿Y si el único recuerdo de Aaron fuera yo diciéndole que no podía lograrlo? ¿Y si yo, en ese momento, hubiera alimentado temor y aprensión? ¿Llegaría él a ser el tipo de persona que moriría por temor a intentarlo? ¿Y si la valentía para saltar o la falta de valentía fuera la diferencia para salvar la vida de otra persona?

Puede parecer ilógico, pero mientras más civilizados parecemos volvernos, más indiferentes nos encontramos al dolor de otros. Las iglesias más civilizadas no tienen en realidad ningún interés práctico por las personas que están fuera de su congregación. El quebrantamiento de un mundo perdido e incrédulo no es suficiente para inspirar los dolorosos cambios necesarios para hacer que la iglesia sea relevante para el mundo en que vivimos.

Una de las tragedias de una sociedad civilizada es que nadie quiere involucrarse. Lo que se vuelve apropiado es ocuparnos de nuestros propios asuntos. Cuando nos unimos a una comunidad que carece de un corazón apasionado por el mundo, pronto nos encontramos nosotros mismos aceptando la apatía. Es una tragedia dolorosa ver a un seguidor de Cristo muy nuevo, y que vive con un espíritu de bárbaro conformarse pronto al "status quo".

La historia nos revela una y otra vez que tenemos menos probabilidad de hacer el bien cuando nos percibimos a nosotros mismos como parte de una multitud mayor, que si tomamos la decisión estando solos. Cuando estamos en un grupo, somos más propensos hacia actos de maldad o al menos hacia la conformidad ante la maldad. Por alguna razón, los civilizados pueden racionalizar la apatía y sentirse absueltos de responsabilidad personal. Hay que hacer el bien, pero algún otro se ocupará de eso.

La revuelta del bárbaro no tolera tal abdicación de responsabilidad. Cada ciudadano del reino de Dios es llevado al fragor del conflicto entre el bien y el mal. Todo aquel que promete lealtad a Cristo tiene una responsabilidad hacia la humanidad. El poder y la fuerza del camino del bárbaro son que cada uno que escoge el camino de Él, debe encontrar la valentía para saltar.

Yo quería que mi hijo tuviera la valentía para saltar cuando fuera necesario. Estoy convencido de que Dios quiere lo mismo para nosotros. ¿Es posible que tu Padre te esté llamando también a saltar, o al menos te esté alentando a hacerlo? Es el Espíritu de Dios que se mueve en ti, rogándote que dejes de conformarte con el "status quo".

## DETRÁS DE LAS LÍNEAS ENEMIGAS

El modo en que hemos aplicado las metáforas equivocadas en los lugares equivocados es al menos responsable de nuestra inclinación a domesticar a los nuevos creyentes. La Biblia habla en términos de que un nuevo seguidor de Cristo ha pasado por un nuevo nacimiento. El pasaje central para esta imagen es Juan 3. Jesús estaba manteniendo una conversación con Nicodemo y le dijo: *"En verdad te digo que nadie puede ver el reino de Dios a menos que nazca de nuevo".*

Nicodemo llegó de inmediato a la conclusión de que Jesús le estaba llamando a volver a entrar en el vientre de su madre una segunda vez. En lugar de dar un paso atrás, Jesús prosiguió: *"De cierto, de cierto te digo, que el que no naciere de nuevo, no puede ver el reino de Dios. Nicodemo le dijo: ¿Cómo puede un hombre nacer siendo viejo? ¿Puede acaso entrar por segunda vez en el vientre de su madre, y nacer? Respondió Jesús: De cierto, de cierto te digo, que el que no naciere de agua y del Espíritu, no puede entrar en el reino de Dios. Lo que es nacido de la carne, carne es; y lo que es nacido del Espíritu, espíritu es. No te maravilles de que te dije: Os es necesario nacer de nuevo. El viento sopla de donde quiere, y oyes su sonido; mas ni sabes de dónde viene, ni a dónde va; así es todo aquel que es nacido del Espíritu"* (Juan 3:3-8).

Esto, desde luego, nos conduce a percibir a las personas que son nuevas en la fe como nada más que bebés recién nacidos. Son inocentes e indefensos, e incapaces de cuidar de sí mismos y mucho menos de servir a otros. Sin embargo, la frase que Jesús utilizó también puede traducirse, no como "nacer de nuevo", sino como "nacido de arriba". Jesús relacionó este nacimiento, no con el vientre de una madre, sino con el Espíritu de Dios descendiendo del cielo y moviéndose con poder.

Mi punto es el siguiente: la metáfora del nuevo nacimiento nos ha llevado a algunas conclusiones erróneas. Cuando nacemos de carne y sangre, somos indefensos y dependemos de otros incluso para nuestra propia supervivencia. Ese no es el caso cuando nacemos del Espíritu. Juan habló del primer nacimiento como uno de agua, y del segundo nacimiento como uno de Espíritu. Es extraño que Juan el Bautista hiciera una distinción parecida en Lucas 3:16 cuando declaró: *"Yo a la verdad os bautizo en agua; pero viene uno más poderoso que yo, de quien no soy digno de desatar la correa de su calzado; él os bautizará en Espíritu Santo y fuego".*

Cuando nacemos de nuevo, nos dejan, no en una sala de maternidad, sino en una zona de guerra. Nuestro lugar de nacimiento es menos un vientre de una madre y más un terreno que es un campo de batalla. Quizá la primera palabra que deberíamos oír no es "bienvenido", sino "salta". No hay carrera de prueba, ni una vida de práctica.

## CABALLEROS EN LA OSCURIDAD

Cuando entramos al reino de Dios no hay zona de seguridad o sala de espera. En realidad ni siquiera hay un campamento de entrenamiento; es un entrenamiento práctico y sobre la marcha. Damos nuestros primeros pasos de vida nueva en medio de un campo de batalla. La Biblia es bastante clara al respecto. Estamos en medio de una guerra. Sin embargo, la guerra no es contra carne y sangre, la guerra no es contra personas.

Pablo lo expresó de esta manera: *"Porque no tenemos lucha contra sangre y carne, sino contra principados, contra potestades, contra los gobernadores de las tinieblas de este siglo, contra huestes espirituales de maldad en las regiones celestes"* (Efesios 6:12).

La revuelta del bárbaro es una insurrección que reta el tratado entre la civilización y las potestades del mundo de las tinieblas. No nos quedaremos quietos viendo cómo la humanidad vende su alma para ganar el mundo. No seremos seducidos por las comodidades que nos ofrecen solamente si podemos hacer concesiones. No podemos fingir que lo que podemos ver es todo lo que hay. Los bárbaros conocen el mundo del espíritu. Sabemos que hay una oscuridad que corrompe subversivamente los corazones de los hombres, y no hacer nada es ser cómplices. Nacemos a una guerra. Puede que nos sintamos como niños, pero somos guerreros.

Pablo quería asegurarse de que conozcamos la naturaleza de este conflicto. Él escribió: *"Pues aunque andamos en la carne, no militamos según la carne; porque las armas de nuestra milicia no son carnales, sino poderosas en Dios para la destrucción de fortalezas, derribando argumentos y toda altivez que se levanta contra el conocimiento de Dios, y llevando cautivo todo pensamiento a la obediencia a Cristo"* (2 Corintios 10:3-5).

Pablo nos recordó que no solo nos dejan en medio de una guerra, sino que también la guerra se libra en medio de nosotros. No podemos ocultarnos o huir de la guerra más de lo que podemos ocultarnos o huir de nosotros mismos.

No podemos convertirnos en prisioneros de guerra, pero nunca estamos exentos de la guerra.

Es cierto que el enemigo esencialmente te dejará tranquilo si eres domesticado. No malgastará su energía destruyendo una religión civilizada. Si en algo él usa su energía, es en promover esa actividad. La religión puede ser uno de los lugares más seguros para alejarnos de Dios. Cuando nuestra fe se vuelve refinada, ya no es peligrosa para el reino de las tinieblas.

Los bárbaros, por otro lado, no son confiables. No respetan fronteras que son establecidas por potestades o principados. Tienen solamente un Rey, un Señor y una misión. Son lo bastante insolentes como para derribar las puertas del infierno. Por causa de otros, están dispuestos a arriesgar sus propias vidas y lanzarse en medio del peligro.

## EFECTO HALO

Hace años supe sobre una técnica militar de vanguardia que utilizaban las Fuerzas Especiales, descrita como HALO. Por sus siglas en inglés, HALO significa "elevada altitud, apertura baja". Mientras que el lanzamiento en paracaídas de cualquier tipo es una empresa arriesgada, añadir la característica de fuego enemigo disparándote, apuntándote como si fueras un blanco facilísimo, mientras vas descendiendo lentamente hacia la tierra, haría que lo fuera incluso más. El sonido del aeroplano informaría al enemigo de tu llegada, y tu lento descenso te dejaría indefenso e incapaz de defenderte.

HALO tenía una respuesta para ambos problemas. El avión volaría mínimamente a 25.000 pies y a veces hasta 40.000 pies donde fuera indetectable incluso por el radar. Cuando llegara el momento de saltar, tu primera instrucción era no abrir tu paracaídas. Literalmente pasarías a caída libre. En cuestión de segundos, tu velocidad terminal sería de 120 millas (193 kilómetros) por hora, aunque podrías alcanzar velocidades de hasta 200 millas (320 kilómetros) por hora. Abres el paracaídas en el último minuto posible, solo con tiempo suficiente para salvar tu vida. Con el despliegue de la tela entre 1.800 a 2.200 pies, hay tiempo suficiente solo para romper la caída y poder aterrizar a salvo tras el territorio enemigo. Si vives, puedes luchar contra el enemigo.

Creo que esta es en cierto modo una metáfora más precisa de lo que significa entrar en el reino de Dios, sin mencionar una imagen mucho más dramática de lo que podría significar ser nacido de lo alto. Cuando nos convertimos en ciudadanos del reino de Dios, nacemos del cielo y de la tierra. Nos volvemos como el efecto HALO de Dios: elevada altitud, apertura baja.

Pablo nos dijo: *"y juntamente con él nos resucitó, y asimismo nos hizo sentar en los lugares celestiales con Cristo Jesús"* (Efesios 2:6). Solo unos versículos después nos recordó: *"Porque somos hechura suya, creados en Cristo Jesús para buenas obras, las cuales Dios preparó de antemano para que anduviésemos en ellas"* (Efesios 2:10).

Es como si en el momento de nuestra conversión fuéramos elevados más allá del tiempo hasta la eternidad. Sentados con Cristo en los lugares celestiales, no podemos alcanzar mucha mayor altitud que esa. Pero entonces creados por Dios para hacer el bien, para cumplir su propósito en el mundo, para avanzar su causa, somos las tropas de tierra de Dios lanzadas desde la eternidad de nuevo hacia la historia. En el mismo mundo donde antes estábamos en casa, ahora somos extranjeros y peregrinos. Donde antes éramos enemigos de Dios, ahora estamos tras líneas enemigas.

El procedimiento que Dios escoge es claramente una apertura baja. Tras un momento de euforia, llegamos desplomándonos a la tierra, abriendo nuestros paracaídas con el tiempo suficiente para romper nuestra caída y permitirnos aterrizar, avanzando en territorio enemigo.

## ATUENDO PRIMITIVO

El año pasado, los hombres de Mosaic me invitaron a acompañarlos a un evento realizado en las montañas llamadas Highlander. En grupos de veinte, fueron divididos en clanes escoceses. Yo era miembro del clan irlandés, O'Hare (que, a propósito, ganó el campeonato Highlander). La noche del sábado hablé sobre el camino del bárbaro, y resulta que mencioné mi admiración por los celtas. Señalé que cuando los celtas iban a la guerra, se pintaban el cuerpo y vestían solamente su atuendo primitivo; en otras palabras, iban como Dios los trajo al mundo. Podrás imaginar lo que debieron haber pensado los soldados romanos que guerreaban contra ellos, vestidos con su mejor atuendo de batalla, cuando se cruzaban con aquellos celtas. Quizá esta razón, y solamente esta, explica por qué los romanos nunca pudieron conquistar a los celtas. En realidad no querían agarrarlos.

El punto, desde luego, era que los hombres en el retiro se despojaran de sus dudas, se despojaran de sus temores, se despojaran de su timidez; no que se despojaran de su ropa. A la mañana siguiente en la actividad de clausura, que resultó ser un juego de tirar de la cuerda en medio de un lodazal, uno de los hombres al que simplemente llamaremos "muchacho natural", se presentó desnudo. Como era un campamento cristiano, le dijeron que se pusiera algo de ropa, y él se puso una camisa. Creo que, una vez más, no entendió nada.

Cuando comenzó el juego de tirar de la cuerda, él estaba otra vez mostrando toda su gloria. Uno de mis amigos, John, era el primer hombre en la fila del equipo contrario; es abogado y un profesional con una educación superior. Podrías imaginar lo que estaba pensando: *Agarra fuerte, tira con fuerza, y mantén los ojos cerrados.*

Ah, y a propósito, cuando el clan de "Muchacho natural" vio que su compañero de tribu escogió el camino del bárbaro, ellos se despojaron en su honor. Podrás imaginar los sonidos que resultaban al tirar de la cuerda rozando en carne desnuda. Por fortuna, lo que su clan tenía de valentía le faltaba de músculo. Poco después estaban cubiertos de barro, y no se volvió a ver su desnudez.

Cuando David regresó a Jerusalén eufórico por las victorias que Dios le había dado en la guerra, se despojó de su manto y danzó delante del Señor. Pero Mical, su esposa, lo menospreció. Cuando ella lo reprendió por su inapropiada muestra de celebración y adoración a Dios, la respuesta de David fue firme: *"seguiré bailando en presencia del Señor, y me rebajaré más todavía, hasta humillarme completamente"* (2 Samuel 6:21-22 NVI).

No estoy diciendo que todos deberíamos ir por ahí desnudos, sino que necesitamos encontrar la valentía y la

libertad para ser nosotros mismos. Necesitamos permitirnos a nosotros mismos llegar a ser los individuos únicos que
Dios creó. Necesitamos dejar de intentar ser lo que los demás quieren que seamos y dejar de preocuparnos por lo que
piensen los demás. Las personas civilizadas se miden unas a
otras por sus mantos y sus sellos. Los bárbaros miden solamente el corazón y las acciones. Los bárbaros viven como si
estuvieran desnudos delante de Dios y desnudos delante de
los hombres. No tienen nada que esconder. No malgastan
su energía fingiendo ser alguien que no son. Fue a Natanael
a quien Jesús vio mientras estaba solo bajo una higuera, a
quien Él describió como un hombre en quien no hay enga-
ño. Dios ve el corazón y busca a aquellos en quienes no hay
nada falso. El bárbaro no esconde nada ante Dios, y su tribu
batalla desnuda y sin vergüenza.

## CUANDO LOS TIGRES SE UNEN

Aunque la fuerza de una persona totalmente entregada a
Dios es tremenda, palidece en comparación con la fuerza
del pueblo de Dios moviéndose junto. Un bárbaro vagando
por la civilización puede ser descartado como nada más que
una rareza. Pero cuando miembros de la tribu de los bárbaros se alinean en el campo de batalla, hombro con hombro, comienza a ocurrir algo asombroso. Los reinos de las

tinieblas tiemblan; las mazmorras y cárceles que tienen cautivos a hombres, mujeres y niños son derribadas; se abren las puertas de las celdas; se abren cadenas y candados; y multitudes llegan a la libertad. Siempre que los bárbaros de Cristo pasan por la civilización, los oprimidos y olvidados pronto se encuentran bailando en las calles.

Cuando un oponente corta la cabeza a un bárbaro, será mejor que esté preparado porque esa persona regresará con fuerza. Luchamos contra la violencia con paz, contra el odio con amor, y contra la opresión con servicio. Aunque nunca violamos nuestra singularidad, nos movemos juntos y unidos en alma y corazón. Nuestra grandeza es desatada en el contexto de comunidad. Cuando nos movemos juntos, Dios se revela más perfectamente en nosotros.

George Hunter en *The Celtic Way of Evangelism* (El modo del evangelismo celta) describe una razón por la cual la civilización romana pudo avanzar su imperio, pero las tribus celtas no pudieron hacerlo. Utiliza una analogía que le mostró un zoólogo: "Un tigre derrotará a un león en batalla; pero cinco leones derrotarán a cinco tigres porque los leones pelean juntos y los tigres no, de modo que los cinco leones atacan a los tigres uno por uno. Cada tribu celta era un tigre formidable en la batalla, muy respetada y temida. Los romanos, con una fuerza legendaria en organización y coordinación, eran los leones en la larga serie de batallas contra tribus concretas para extender su imperio incrementalmente" (p. 18).

Desde el primer momento que leí esas palabras, reconocí el dilema. Los bárbaros son mucho más tigre que león. Estoy convencido de que es cierta la vieja frase, al menos en este caso, de que un tigre nunca puede cambiar las rayas de su piel. Más que eso, no queremos domesticar al tigre. Ni siquiera queremos que el tigre intente parecerse más al león, pero imagina lo que sería si los tigres pudieran aprender a moverse juntos, si los tigres decidieran mantenerse hombro con hombro y participar en la batalla como una sola tribu.

De nuevo, la Biblia describe el movimiento de la iglesia como una fuerza incontenible. La expansión del reino invisible de Dios es el resultado de que quienes somos seguidores apasionados de Jesucristo, nos movemos juntos y unidos en corazón, mente y espíritu. La descripción de Jesús de que *"el reino del cielo ha venido avanzando con fuerza, y gente violenta lo está atacando"* (Mateo 11:12 NTV) es una llamada a que los tigres se muevan juntos, y no que nuestra fe indómita sea domesticada.

## ESTRUENDO HACIA EL FUTURO

Hace unos años atrás llevé a mis hijos a una reserva natural cercana a San Diego. Mientras íbamos en una vagoneta por el terreno abierto, un guía destacó las características únicas de las distintas especies que veíamos. Supongo que yo siempre lo supe en parte, pero no había llegado a darme cuenta de que la mayoría de los grupos de animales tienen nombres o designaciones únicas cuando viven juntos.

Con los insectos, la mayoría de nosotros sabemos que a las abejas se les llama enjambres, y a las hormigas se les denomina colonias. Entre la vida marina, supe que las ballenas son manadas, y los peces son bancos. El ganado es un rebaño, las aves son bandadas, y si ves *El Rey León*, sabes que una tribu de leones es una manada. Si te criaste en el campo, podrías saber que las vacas son asesinas. Quizá lo más perturbador es una emboscada de tigres.

Me sorprendió saber que un grupo de buitres que esperan juntos para darse un festín de las sobras de una matanza se llama comité. Solamente esta perspectiva vale ya el precio del libro entero. Esto explica mucho de lo que sucede en las iglesias: muchos comités esperando para vivir de matanza humana.

A los grupos de flamencos se les llama flamantes, lo cual por alguna razón me recuerda a los telepredicadores. Y los grupos de los menos glamorosos búhos se conocen como parlamentos. Sí que parecen ser un poco británicos.

Pero mi favorita es la designación de grupo para los rinocerontes. Mira, los rinocerontes pueden correr a 30 millas (48 kilómetros) por hora, que es bastante rápido cuando consideramos cuánto peso cargan. En realidad son más rápidos que las ardillas, que pueden correr hasta a 26 millas (42 kilómetros) por hora; e incluso entonces, ¿quién va a vivir con temor a una ardilla que ataca? (Lo siento, eso estuvo un poco desviado del tema). Correr a treinta millas por hora es más rápido de lo que correrá un automóvil Pinto de segunda mano. Hay un solo problema con este fenómeno. Los rinocerontes solo pueden ver una distancia de 30 pies (9 metros) por delante de ellos. ¿Puedes imaginar algo tan grande moviéndose en concierto como grupo, corriendo a 30 millas por hora sin tener ni idea de lo que hay a una distancia de 31 pies? Pensarías que ellos son demasiado tímidos para correr a máxima velocidad, que su incapacidad para ver una distancia lejana los paralizaría y se quedarían en la inmovilidad. Pero con ese cuerno señalando el camino, los rinocerontes corren a toda velocidad sin aprensión, lo cual nos lleva hasta su nombre.

Los rinocerontes que se mueven juntos a toda velocidad son conocidos como estruendo. Incluso cuando están juntos por ahí disfrutando del agua, se les llama estruendo debido a su potencial. Eso te tiene que encantar. Creo que eso es lo que debemos ser nosotros. Eso es lo que sucede cuando nos convertimos en bárbaros, y nos liberamos de la domesticación y la urbanidad. La iglesia se convierte en un estruendo; nos volvemos una fuerza incontenible. No tenemos que fingir que conocemos el futuro. ¿A quién le importa que solo podamos ver treinta pies por delante? Cualquier cosa que haya más allá de eso tiene que cuidarse de que estamos llegando, y es mejor que se aparte del camino.

Necesitamos movernos juntos como pueblo de Dios, una tribu de bárbaros, y convertirnos en la versión humana del estruendo de rinocerontes. El futuro es incierto, pero necesitamos avanzar hacia él con confianza. Hay un futuro que crear, una humanidad que liberar. Necesitamos dejar de malgastar nuestro tiempo y dejar de tener temor a lo que no podemos ver y lo que no sabemos. Necesitamos avanzar a toda velocidad a causa de lo que sí sabemos.

Ayer, Mariah estaba en una tienda con su mamá. Vio a un hombre trabajando con una estructura, y por alguna razón captó la atención de Mariah. Mariah miró a Kim, señaló al hombre, y dijo: "Mamá, mira a ese hombre. Es la persona más solitaria que he visto jamás". Mariah comenzó a llorar sin poder controlarse.

Puede que no podamos ver lo que hay a 31 pies de distancia, pero no tenemos que ser ciegos a lo que está delante de nosotros. Hay un mundo que necesita a Dios desesperadamente, un mundo lleno de soledad, desesperanza y temor. De algún modo nos hemos vuelto sordos a un clamor que llega hasta el cielo proveniente de las almas de los hombres. Pero Dios escucha.

## GUERREROS DE LUZ

Dios escuchó el clamor de Israel cuando el pueblo vivía bajo la tiranía de Egipto; y entonces Él habló y llamó a Moisés. Como un solo hombre, él fue a la guerra contra un imperio. Siguió el camino del bárbaro: un cobarde se convirtió en héroe; un asesino se convirtió en libertador; un pastor de ovejas se convirtió en profeta; un nómada se convirtió en líder; un hijo adoptivo del faraón se convirtió en un hijo adoptivo de Dios; esclavos fueron libres, pero antes de convertirse en una nación tuvieron que aprender a sobrevivir en el desierto. La tierra de la promesa no era una tierra libre de peligros. La leche y miel que se les prometió les esperaba en medio de una tierra de gigantes.

No es distinto para nosotros. Tal como fue para ellos, la libertad es un regreso, no al paraíso perdido, sino a una tierra prometida que debemos ganar. Como Israel, que extrañaba Egipto porque el viaje era más difícil de lo que el pueblo había esperado, debemos ser conscientes de la tentación de regresar a la cautividad de la que fuimos liberados. Hay solamente un camino hacia la libertad. No hay a nuestra disposición un camino fácil. No podemos afirmar conocer a

Cristo y honrarlo si rechazamos el camino que Él nos llama a seguir. No insistamos en atarlo a Él o relacionarnos con Él con una fe domesticada o civilizada. No lo deshonremos afirmando que una vida de fe es una vida sin riesgo. Esta guerra no tiene lugar para la pomposidad o la pretensión.

Jesús nos conduce al corazón del reino de las tinieblas, al alma de lo que es más malvado. Él nos lleva donde la humanidad ha escogido vivir. Nos llama a ir donde la oscuridad ha hecho que quienes vagan por ahí estén desesperados por encontrar luz. Él nos guía como guerreros de luz a arriesgar nuestras vidas por la liberación de otros. De nuevo, nuestras propias armas son amor, esperanza y fe, y son nuestra única defensa. Sin embargo, sabemos sobre todo que ellas, y solamente ellas, nos liberan y satisfacen los deseos más profundos de nuestra alma.

Si decides vivir tu vida de este modo, si tomas la loca decisión de vivir tu vida por causa de otros, si escoges seguir a Aquel cuyo camino del bárbaro lo condujo a la brutalidad de la cruz, y si aceptas su invitación de tomar tu propia cruz y seguirlo a Él, entonces ha comenzado. Si te atreves a permitir que Dios desate tu espíritu primitivo, Él desatará la fe salvaje e indómita en tu interior. Entonces sabrás que has escogido el camino del bárbaro de salida de la civilización.

*Jefté el galaadita era un guerrero valiente, hijo de Galaad y de una prostituta. Galaad también tuvo hijos con su esposa, quienes cuando crecieron echaron a Jefté. «No tendrás parte en la herencia de nuestra familia —le dijeron—, porque eres hijo de otra mujer». Entonces Jefté huyó de sus hermanos y se estableció en la región de Tob, **donde se le juntó un grupo de hombres aventureros y lo seguían.** (Jueces 11:1-3, traducción libre NVI, énfasis añadido)*

# ACERCA
## DEL
# AUTOR

**E**rwin Raphael McManus sirve como pastor principal y arquitecto cultural de Mosaic en Los Ángeles, California. Desde el centro de cambio global, Mosaic surge como un punto de referencia para la iglesia del futuro. Como fundador de Awaken, Erwin colabora con un equipo de soñadores e innovadores que se especializan en el campo del desarrollo, y en desatar la creatividad personal y organizacional. Como consultor nacional e internacional, su experiencia se enfoca en cultura, cambio, liderazgo y creatividad. Colabora con el Seminario Teológico Betel como profesor distinguido y futurista, y también redactor adjunto para la revista *Leadership Journal*. El primer libro de Erwin, *Una fuerza incontenible*, fue finalista en 2002 del premio de la ECPA Gold Medallian Award. También es el autor de

*Chasing Daylight* y *Despertar: Una revolución del alma,* que fue el libro presentado y el tema para las conferencias de Promise Keepers en 2004; del éxito de ventas *The Barbarian Way,* versión original en inglés de *Tribu;* y de *El Alma Artesana.* Él y su esposa Kim tienen dos hijos, Aaron y Mariah, y una hija en el Señor: Paty.

# RECONOCIMIENTOS

**A**Kim, a quien conocí en el camino del bárbaro; a mis hijos, Aaron y Mariah, que me permitieron compartir sus vidas con todos aquellos que lean estas palabras; a Holly, que se unió a mi equipo con la condición de que yo orase para que Dios llevara a su camino al hombre de sus sueños; a Erik, que es ahora el esposo de Holly: vive a la altura del sueño; Tammy Borrero, quien hace posible que podamos realizar nuestras tareas abrumadoras; a mi comunidad de Mosaic y mi equipo de Awaken que me ayudan a maximizar mi eficacia y a multiplicar la contribución que hacemos juntos para servir a la humanidad.

También doy gracias a la Asociación Willow Creek por ayudarme a difundir este mensaje. Siempre estoy agradecido por Sealy Yates y el equipo de Yates & Yates, que no son meramente agentes, sino defensores. Posiblemente no puedo agradecer lo suficiente a Jonathan Merkh, Brian Hampton, Kyle Olund, y a todo el equipo de Thomas Nelson Publishers. Y desde luego a Rick, Greg, Enrique y Robert, que han hecho posible que logre más de lo que nunca pude haber logrado yo solo. A todos aquellos que escogen el camino del bárbaro, especialmente a aquellos como Steve Johnson, Paul Johnson y Dave Olson, que encuentran a bárbaros caminando solos y los invitan a caminar con su tribu, siempre les estaré agradecidos, muchachos, y a muchos otros como ustedes.

Manténgase lejos del camino asfaltado,

ERWIN